線路まわりの雑学宝箱

鉄道ジャンクワード44

杉崎行恭
Sugizaki Yukiyasu

交通新聞社新書 069

線路まわりの雑学宝箱――目次

はじめに……8

第1章　はじまりの箱　Invention & Origin
■世界最古の廃線跡はどこだ?……12
■車石……20
■日本鉄道発祥伝説を追う……24
■RAILの始まり……28
■ハリケーンが造った歯車鉄道……35

第2章　建築と構造物の箱　Architecture & Construction
■踏切……42
■駅の階段と地底駅の苦労……46
■スイッチバック……50
■転車台……54
■ケーブルカーの駅舎……58

超高速モノレールのはずだった……62
究極のエコ、水重力式ケーブル……66

第3章　旅と風景の箱　Journey & Landscape

アニマル駅員……72
駅スタンプ……76
鉄道と大船観音……80
冷凍みかんと鉄道菓子……84
駅そば……88
木造駅舎と駅の呼び方……92
大樹林帯を造った鉄道建設……96
小湊鐵道で軌道バイク……100
アタマの上には水がある!?……104
世界最長のストレート……108
フロム鉄道……112

■ハワイ楽園鉄道の残照……117

第4章　アートとファッション・スポーツの箱　Art , Fashion & Sports

■駅前像……126
■鉄道文字……130
■車掌かばん……134
■野球と鉄道……138
■ブルースと鉄道……142
■ドライビング・クリーク鉄道……146

第5章　メカと車両の箱　Mechanism & Vehicles

■つないで放す連結器の物語……152
■譲渡車両……156
■車両ドア……160
■ダブルデッカー……164

■パンタグラフと電車の起源……168
■貧しさの知恵か、レールバス物語……172
■1本レール鉄道……176
■畜力・人力・風力鉄道……180
■秩父鉄道の電気機関車に乗った……184

第6章　モノの箱　Tools

■手旗と信号……190
■サボと灯油ランプ……194
■日付印字器と切符の番号……198
■鉄道時計と標準時……202
■古レール趣味……206

あとがき……210
主な参考文献……212

はじめに

初めて廃線跡を見たのは小学生の頃だった。家から自転車で遠征できるいちばん遠いところが田浦駅（JR横須賀線）のあたりで、近くの長浦港には捕鯨母船が停泊していたのを覚えている。岸壁には得体のしれない線路が縦横に走り、一部は市道のトンネルに延びてアスファルトの中に消えていた。日暮れまでに帰れないかもしれない怖さと、遠い町まで自力で到達したことで地球の果てを見たような興奮を覚えた。

今思うと、そのとき見た銀色のレールが印象に残り、以後私は線路にとりつかれた暮らしを送ることになる。ちょうどその頃、チャリをこぎながら歌っていたダークダックスの『銀色の道』は後年、音楽家の宮川泰が少年時代に過ごした鴻之舞《こうのまい》鉱山（北海道紋別市）のトロッコの軌道をイメージして作曲したものだと知った。やがて心にできてしまった「線路」はピロリ菌のように意識のひだに潜り込み、ときどき暴発するようになる。あるとき雑誌カメラマンとしておしゃれなフランスはプロバンスを巡ったとき、カマルグ（ローヌ川のデルタ地帯）で塩田を結ぶ軌道に出くわし、しかも超低空でミラージュ戦闘機が飛来するに及んで（ヒコーキも好きなんです）すっかり壊れた私はモデルやコーディネーターを置き去りにして、迷いこんだフランス軍の飛行場からつまみ出されたことがある。また、旅していてもはるか昔に消えた廃線跡のラインがわかってしまい、そうなると気になって仕事に手がつかない、もう病気である。大地に刻まれた鉄道の記憶がナスカの地上絵のように語りかけてくるのだ。

ともあれ18世紀、そんな線路によって世界は動いた。当初は馬車が、そして蒸気機関車が登場すると、蒸気エンジンの燃料となる石炭を大量に運べるようになる。それによって各地に産業が興き工業化は進む。その過程で巻き起こった混乱がおびただしいエピソードを生み出す。これが面白い。本書ではそんな線路の源流を探り、直線最長区間を体験し、車両のことにも触れた。線路の上の豪華列車でフルコースを食うだけでなく、少しは足元を見ろ！　そんな気持ちもちょっとだけ込めて44のジャンクワードを書いた。

第１章　はじまりの箱
Invention & Origin

世界最古の廃線跡はどこだ？

ノッティンガムの廃線跡歩き

1995（平成7）年に始まった宮脇俊三編著の『鉄道廃線跡を歩く』（JTBキャンブックス）シリーズ。その取材陣の一員となり各地の廃線跡をめぐっていたら、やがて鉄道そのものより〝線路〟に惹かれるようになってしまった。そして約8年にわたった廃線跡の取材中、どうしても知りたくなったことがあった。「世界最古の廃線跡はどこだ？」である。

よく知られているように〝鉄道〟は1825年、イギリスのストックトン～ダーリントン間の開業が始まりとされている。ただしこれは蒸気機関を使った機械動力鉄道の最初である。

つまり、それ以前にも馬車鉄道やトロッコも含めた線路が長年使われており、その軌道のオリジンはどこか？　という疑問だ。ただし鉱山で使われていたものではなく、地上に敷設された軌道の廃線跡の始まり（変な言い方だが）である。そこで線路の歴史をたどってみた。すると驚くことに、さらに200年以上も歴史をさかのぼってしまった。やはりイギリスだった。

時はイングランド王ジェームズ1世治世の1603年、日本では徳川家康に征夷大将軍が宣下され徳川幕府が開かれた年である。イングランド中部ノッティンガム郊外のウォラトン。ここに

近世のトロッコは、木製の板敷きで馬に引かれて石炭を運んでいた

炭鉱を掘っていたハンティントン・ボーモントという男がいた。ボーモントは1603年10月頃、炭鉱からノッティンガムまで約3・2キロの木製軌道（ワゴンウェイ）を設置して石炭を運んだ。これが公式記録のあるオーバーランド・レイルウェイ（地上軌道）の始まりとされている。そのウォラトン軌道の詳細は不明だが、1604年に共同経営者との間で交わした炭鉱の賃貸契約書に軌道のことが記載されている。ここまでわかるとはイギリスの文書保存の執念はすごいと思う。さて、史上初の線路の栄光に浴したボーモントだが後年破産して投獄され、1624年にノッティンガム刑務所で死んでいる。なんだか、今も昔も鉄道経営は大変なんだなあと思う。

その世界の廃線跡の〝最初の一線〟を歩いてみた。人口約70万人のノッティンガム市は、ロンドンのセント・パンクラス駅から列車で約90分の学園都市。大きな大学が二つもあって、駅前から快適なトラムが走っているが、列車の中で相席になったインド系の女医さんいわく「見るところなんかほとんどないわよ」という街だった。それでも街の中心部にまで並木と遊歩道に囲まれたクラシックな運河が流れ、ときどきキャビンつきのナローボート（運河舟）で旅する老夫婦がやってくるなど、日本の感覚でいえば中世の水郷風景が十分に楽しめる街だった。

「オールド」連発の古地図

さて、地元の郷土史家たちの研究で解き明かされた400年前の線路跡は、ノッティンガム郊外にあるウォラトン・ホールという貴族の館の広大な敷地の中から、約3・2キロ北西のストレリーという住宅街に延びていた。もちろん17世紀初頭の、産業革命以前の廃線跡などは跡形もないだろうと思った。それでも、ルートだけでも古地図でわかればと市民中央図書館で約150年前の地形図を閲覧すると、はたしてストレリー地区には「オールド・コール・ピット」という表記のタコツボのような（地図上では）塚が散在していた。これは平地の炭層を掘った小規模炭鉱の跡のよう。ちなみにその150年前の地図には、すでに「オールド・ムーア・ウッド」「オールド・カッティング」などオールドが連発で、この付近にただならぬものがあったことを伝えていた。

オールド・コーチ・ロード周辺図

ボーモントの軌道は木製のワゴンウェイ（板敷き）で、馬に引かれたトロッコが石炭を運んでいたようだ。さすがに古地図に線路跡などは書かれていなかったが、それらしい小路は記載されている。市内でレンタカーを借りてウォラトンに向かうと、ウォラトン・ホール・アンド・ディアー・パークというあきれるほど広大な公園になっていた。美しい芝生の丘にはバロックスタイルの大建築が見える。ここは貴族や王の家臣が領地に置いたかつてのカントリー・ハウスで、16世紀頃にエリザベス1世など王族が地方巡幸するときに滞在してもらうために、地方貴族が競って豪壮な館を建てたイングランド独特の荘園邸宅だ。その公園の周回道路から見当をつけて北西に延びる小路を探していたら、なんと「オールド・コーチ・ロード」（古い馬車道）という路地があ

ノッティンガムの郊外に残る、幅3メートルほどの「オールド・コーチ・ロード」

った。ノッティンガム市の資料によると、この幅3メートルほどの道路がかつての軌道跡という。レンタカーを置いてその道に入っていくと、緑に包まれた邸宅街から歩行者専用のフットパス（散歩道）となって、ゆるやかな曲線を描いて雑木林の中に延びていく。やがて近年開発されたような郊外住宅街の道路に吸収されていったんは道を見失うが、その一角に再び「オールド・コーチ・ロード」の表示が現れた。

ルートをたどると、倉庫街だった

ここに線路を建設したボーモントは1600年にウォラトン・ホールの当主パーシバル・ウィロビー公に招かれて、領地内のストレリーで石炭採掘の契約を結んで採掘を開始した。彼は1560年にノッティンガムから20キロほど離れたコールオートンの鉱山業の家に生まれている。彼が地上軌道の着想をどこで得たか定かではないが、その頃はすでに活版印刷が普及していて、ドイツの鉱山学者ゲオルグ・アグリコラ（1494〜1555年）が著した鉱山学の書籍『デ・レ・メタリカ』に坑道内トロッコの図版があることから、これを参考にして周囲にあるナラやブナの森から切り出したオーク材を用い、軌間4フィート6インチ（1372ミリ）の軌道板を敷設したと思われる。ボーモントは契約を交わした後ただちに軌道工事に入っていることから、この新技術をウィロビー公にプレゼンして鉱区を勝ち取ったのではないだろうか。それというのも当時は炭鉱の輸送事情が悪く、石炭の需要が高まる冬季になると、雪や凍結のため鉱山を閉鎖せざるを得なかった。それをこのワゴンウェイによって解決しようとしたのだろう。

鉱山・治山学書『デ・レ・メタリカ』に掲載されている鉱山軌道の図

そんなことを想いながら、再びフット

見事な菜の花畑が広がっていた、ストレリー炭鉱跡

パスになった「オールド・コーチ・ロード」を歩くと、しだいに都市郊外特有のちょっとやさぐれた道になっていった。通る人といえば犬を連れた老人と、ラッパー風の少年が自転車で追い越していっただけ。やがてノッティンガムとラングレー・ミルを結ぶ鉄道線路を越えるレンガの古い橋に出た。フットパスはここで終わり、その先は倉庫のバックヤードに沿って大通りまで殺風景な道が延びている。現在たどることができる〝世界最古の廃線跡〟はここまでで、振り返ると森の向こうに、シェイクスピア劇の舞台のようなウォラトン・ホールの館がシルエットになってそびえていた。そういえば『リア王』や『ロミオとジュリエット』の劇作家ウィリアム・シェイクスピア（1564～1616年）は、まさにこの時代の人物である。

今も残る「ベル・ピット」の地形

ノッティンガム探訪の最後に、ワゴンウェイの始発点でもあり400年前の炭鉱地帯だったストレリー地区を見に行く。レンタカーで行った先は、ちょうどノッティンガムをドーナツ状に囲む住宅街が途切れたあたりだった。かつては「ベル・ピット」と呼ばれる竪穴式の小規模炭鉱が散在していた一帯で、このあたりは深さ10メートルほどの浅い場所に石炭層があるという。さすがに付近を歩いても中世の物語を感じさせるものはなかったが、このあたりかなと見当をつけた田舎道に入っていくと、見事な菜の花畑が映画のラストシーンのように続いていた。日本に帰ってからグーグルマップの航空写真を見ると、ストレリー周囲の牧草地や畑作地帯に「ベル・ピット」の跡らしい小塚がいくつも写っていた。

記録によると、ボーモントのワゴンウェイは開業から12年後の1615年まで稼働して、その後は廃棄された。さらにボーモントはこの経験を生かして、北海に面したブライスにも炭鉱ワゴンウェイを設置したという（彼はここで莫大な負債を抱えて破産、投獄されてしまう）。

ちなみにあのロビンフッドが隠れ住んだという「シャーウッドの森」は、ノッティンガム北方にあったが、炭鉱で使う坑木採取のためにほとんど伐採されてしまったという。

車石

近江商人の商売を支えた石軌道

線路は、古代ギリシャ・ローマ時代に道路の石畳にできた馬車の轍が遠い起源とされている。しかし、それが本当に線路といえるのか、議論の分かれるところだ。実際のレールと車輪の起源は15世紀頃に中央ヨーロッパ（現在のドイツやポーランド周辺）の鉱山に現れた木製トロッコで、これがイギリスに伝わって、ワゴンウェイという馬や牛が引っ張る軌道になっていったようだ。

さて、日本の鉄道は1872（明治5）年の新橋〜横浜間の開業が始まりとされている。ところが、それより67年も前の1805年（文化2年、もちろん江戸時代）、すでに近畿地方に鉄道を思わせる交通路があったというお話。

江戸時代のはじめは基本的に馬車のような道具は禁止されていた。ただし江戸・駿府・仙台の街なかと東海道の大津〜京都間だけは牛車の使用が認められていた。そして船も平底の和船のみ、川の架橋もだめ、街道間の荷物輸送も馬の背に載せられるだけ。江戸時代の日本はすべて徳川家の安寧のために諸国が豊かになるのを恐れ、発明や改善を罰し、非効率を国是としたような国家だった。それでも日本屈指の消費都市だった京都には、近江地方から年間1万5000両もの牛車が通っていた。ここだけは〝車両〟を使わないと都市を維持できなかったのだ。しかし近江と京都の間に逢坂峠と日ノ岡峠という2つの峠があって、雨が降ると道がぬかるんで牛車の通行が困難を極めていた。しかし、荷車を引っ張る牛や馬にとって、硬く平滑な道はひづめが滑って、あまりいいものではなかった。ならば車輪のところだけ硬ければよろしい。

この難所を見かねた京都の心学者・脇坂義堂が「石を敷くべし」と車石の設置を提唱した。これに近江の豪商・中井源左衛門などが応じて1万両の巨費を集め、琵琶湖沿岸から大量の花崗岩を運び、大津から逢坂と日ノ岡の峠を掘り下げて京都三条大橋までの約12キロを石で舗装してしまった。その花崗岩のひとつひとつに牛車の轍があった。つまり線路のようなくぼみが左右2列の石畳の上に延々と続いていたのである。ここからが謎なのだが、溝が最初から刻まれていたのか、それとも使っているうちに車輪の当たるところが彫られてできた軌道なのかはまだわかっていない。ともあれ、この牛車道はギリシャ・ローマ同様の石の線路となった。

沿線を探して歩くと面白い

車石の街道は歩道と完全に分離され、午前中は京都方向の上り、午後からは逆方向の下りという時間分けの一方通行で混乱を防いでいたという。この車石軌道の完成で、近江～京都間の物流は飛躍的に効率的になったとされている。ちなみに車石は東海道のほかに、竹田街道や鳥羽街道の湿地区間にも設けられたという。あの戊辰戦争のきっかけとなった1868（慶応4）年1月の鳥羽・伏見の戦いでは、都を守る新政府軍（薩摩藩兵）と大坂から鳥羽街道と竹田街道を攻め上った旧幕府軍が、この車石の上で激突したのだ。

さて、江戸後期を通して使われたこの車石は1876（明治9）年、東海道の道路改修まで機能していたといい、撤去の際には溝のある石材も売却し道路改修費の一部に充てたという。今でもこの大津～長岡間の東海道旧道を歩くとあちこちの庭や石垣などに真ん中がへこんだ車石が見られ、地元でも特別な石として珍重されている様子がうかがえる。特に逢坂峠の村社・蝉丸神社の鳥居横には車石の線路が復元され、また日ノ岡峠山科側に立つ京津国道改良工事竣工紀念碑には礎石にたくさんの車石が使われている。明治維新から半世紀以上も前に石の軌道があったとは驚きだが、鉄道前史の産業遺産として興味は尽きない。

ともあれ京都を訪ねた折に、この〝200年前の廃線跡〟を歩いてみてはいかがだろうか。沿線の逢坂峠周辺は湧水が豊富で、その水で養殖したうなぎを食わせる店が多い。

滋賀県大津市の関にある蝉丸神社下社前に保存されている車石

京津国道改良記念工事竣工紀念碑（京都市山科区日ノ岡）の礎石に使われた車石

日本鉄道発祥伝説を追う

歴史のかなたに消えた謎の線路

10月14日は鉄道の日、1872（明治5）年のこの日（当時は旧暦9月12日）に新橋～横浜間で日本初の鉄道が開業したことにちなんだものだ。

しかし、それ以前の日本に線路はなかったかというと、いくつかの事例が浮上してくる。大政奉還から14年前の1853（嘉永6）年に、長崎を訪れたロシア使節プチャーチンが軍艦パルラダ号の艦上で蒸気機関車の模型を走らせ、また1854（嘉永7）年にはアメリカのペリーが横浜で土産の豆汽車を走らせたという。

さらに1865（慶応元）年にはあのトーマス・B・グラバーが、長崎の岸壁に約400メートルの線路を敷設して蒸気機関車を走らせた。これはイギリス軍艦に運ばせたもので、長崎に大邸宅を築いたグラバーの政商ぶりがうかがえる。その線路があったところには「我が国鉄道発祥の地」の碑も建てられている。これらの例は、いわばデモンストレーションとして走らせたものだったが、実用軌道の起源を追ってゆくと北海道の小さな村に行きつく。

下田条約によって開港した函館（箱館）には、外国蒸気船が補給のため寄港するようになる。

グラバーが蒸気機関車を走らせた長崎の岸壁にある「我が国鉄道発祥の地」の碑

最初は内地から石炭を運んで供給していたが、それも追いつかなくなり、幕府は蝦夷地でも石炭を手当てすることを迫られた。その頃岩内の茅沼《かやぬま》に有望な鉱脈が発見され、箱館奉行は自力で炭鉱開発を試みるも成果が出なかった。そこでイギリス人鉱山技師エラスムス・H・M・ガワー（1830～1903年）に鉱山開発を委ねた。たまたまガワーの弟がイギリスの箱館領事だった縁で、ジャーディン・マセソン商会（アヘン戦争の黒幕とされた大英帝国の政商、長崎のグラバー商会もその一部）にいた鉱山経験のある兄が茅沼を見ることとなった。だから政府による正式な招聘ではなく、現地採用的ないきさつだったようだ。

当時の日本の炭鉱は石炭の露頭を掘ってゆく、いわゆる狸掘りだったが、ガワーは西洋式の坑道掘りや爆薬を使った発破を導入し、インクラインや海岸まで約2・2キロのストラップ・レール（鉄板貼り木製軌道［P31参照］）の建設を始めた。とはいっても後年の大規模鉱山のようなものではなく、ガワーと同じくイギリス人技師のゼームス・スコットの2人が数十人の土工夫を指揮して森林を伐採し、海岸までの道路を開削していったようだ。

初めてのトロッコは石炭を運ぶ

しかしながら直後に発生した戊辰戦争では、箱館が幕府軍と新政府軍との激戦地となって茅沼の鉱山開発は中断する。一時は茅沼炭鉱の確保に幕府軍と新政府軍が動き、緊迫する場面もあったという。明治維新後に新政府は、この岩内地区を開拓使の直轄地として、ふたたびガワーを呼び戻した。そして1869（明治2）年に茅沼炭鉱は操業を開始した。当時、採掘現場から積出港のあった海岸にいたる線路では、石炭を積んだ炭車が車夫の操縦で下り、上りは馬や牛に引かせていたという。これが鉄道というより、実用軌道の日本発祥というべきものだった。

あらためて現地を歩いてみると、海岸部から掘り出した土石を積み上げたボタ山が見える炭鉱までゆるやかな傾斜が続いて、トロッコ軌道を建設するにはたやすい地形となっていた。1896（明治29）年の地形図にも茅沼炭鉱から海岸に向かう軌道が記載されている（5万分の1万地形図『八内岳《やちないだけ》』）が、現在そのラインをたどることは難しくなっている。この軌道はのちに鉄製レールに交換され、蒸気機関車も導入されたというが、その詳細は定かではない。そして1931（昭和6）年に炭鉱から山を越えて岩内までの架空索道による輸送路が完成し、海岸部までの軌道は廃止される。しかし、炭鉱そのものは1964（昭和39）年まで操業を続け、北海道内でも異例

現在も北海道の炭坑跡では珍しいボタ山が残る。この道に並行して軌道が設けられていた

の長寿炭鉱だった。

　ところで、茅沼炭鉱が文字通り軌道に乗った１８７３（明治６）年になって、開拓使顧問のアメリカ人ホーレス・ケプロン（元合衆国農務局長の大物）の指示でハーバード大学出のエリート鉱山学者ベンジャミン・スミス・ライマンが茅沼炭鉱を調査して数々の不備を指摘する。このあたり、叩き上げだったガワーのイギリス式採掘法と、アメリカ式の相違があったかなかったか興味深いところだ。エラスムス・H・M・ガワーはその後、佐渡金山や高島炭鉱（長崎）の近代化などを試みたのちにインドに転じて行く。

　現在の茅沼には数十軒の民家と郵便局があるだけで、鉱山のあった一帯は荒れ果てた山となって、炭鉱の遺物が林の中に点在している。そんななかにこの茅沼から見て南隣になる北海道電力泊《とまり》原子力発電所の取水用パイプが無人の谷に延びている。

RAILの始まり

それらしきものは、古代からあった？

鉄道趣味の中に〝線路好き〟という者たちがいる。彼ら（女性もいるかもしれない）はまず鉄道を線路として見るのだ。だから2本のレールを見ると、ふすまの桟でも興奮してしまう。

そんな奴いるかって？　私がそうだ。ガキの頃から山野を貫くリジッドな鉄路にやたらに惹かれた。なぜこんなに美しいのか。馬鹿だった私は、たぶん線路の単純なわかりやすさに参ったのだろう。なにしろ一直線でどこまでも続いているのだから。

アメリカにケヴィン・リンチ（1918～1984年）という都市学者がいた。彼はあの「ランドマーク」という言葉を広めたことで知られているが、人間が記憶にとどめる場所を分析し「エッジ」（縁）と「ノード」（接合点）が重要な要素だと説いた。異質なもの同士がノードするところ。たとえば陸と海の接する「渚」、平野と丘の接合点が「山里」、川と道の出合う「橋」などなど。歌川広重が浮世絵に描く東海道五十三次は、まさにそんな場所ばかりだ。鉄道の場合も自然の山野に対して、異物そのものである鋼鉄製のレールが出合うことによって、そこに記憶に残る姿、つまり〝風景〟ができあがる。線路が美しいのは当然なのだ。

さてこの線路、いったいどこから来たのだろうか。

車石（P20参照）のように、石の舗装道路に線路状の溝ができているもので最古の遺跡は、エーゲ海とイオニア海を隔てるペロポネソス半島の基部に位置するコリントス地峡（幅6・7キロ）にあって、古代ギリシャ時代の紀元前7世紀頃に貨物や船を山越えさせた跡だとされている。この「ディオルコス」という陸上輸送システムは、当時コリントスを支配していたペリアンドロスによってつくられたとされ、石灰岩に掘られた溝の底に板を張って油脂を塗り、台車に載せた荷を奴隷に引かせながら滑らせて地峡を越えたという。どうしてこんな苦労をしたかといえば、海路でペロポネソス半島を迂回すると300キロ以上もの遠回りとなってしまうからだった。しかし「ディオルコス」のおかげで東西の中継地となった都市国家コリントスは大いに儲かり、悪徳と不道徳の蔓延する街になったと新約聖書に書かれている。でも、実際のところはよくわかっていない。

床を突き破る恐怖のレールもあった

また1354～1513年に建てられたドイツのフライブルク大聖堂には、ステンドグラスに鉱山軌道が描かれている。このドイツ南西部は12世紀頃からヨーロッパでの銀採掘の中心地とな

「ドイツ技術博物館」に展示されている坑道トロッコ

「ワゴンウェイ」はぬかるんだ場所に馬車を通すための補助的な軌道だった

木製の軌道に補強のために鋳鉄の板を貼り付けた「ストラップ・レール」

り、その富によって大聖堂が建立されたという。さらに１５５０年頃に中央ヨーロッパのドイツやポーランドの鉱山に軌道が使われていたといい、ベルリンの「ドイツ技術博物館」には硬い木の丸太を２本並べて、臼のような車輪を持った坑道トロッコが展示されている。これがやがて１６０３年のノッティンガムの地上軌道（Ｐ12参照）のように、ぬかるんだ場所に馬車を通すためのワゴンウェイという補助的な軌道に発展していった。それは雨樋を平行に２つ並べたようなもので、たいてい樫やブナのような硬い木材で作られていた。

木製レールをイギリスの博物館で見たことがあるが、いくら硬い木材とはいえ、とても重量物には耐えられそうもない情けないものだった。当初は「プレート・ウェイ」とも呼ばれていた木製線路に、やがて補強のために鋳鉄の板を貼り付けたストラップ・レールが１７４０年頃に現れた。この方式は馬車鉄道などで19世紀の末頃まで使われていたが（東京馬車鉄道も初期はストラップ・レールだった）、やがて重い蒸気機関車の時代になると、磨耗した鉄のストラップが線路から跳ね上がって客車の床を突き破り、蛇のように乗客を追い回す事故が多発した。

そして、1768年には世界で初めてコークスを使った製鉄法で、鋳鉄製のL字形レールがイングランドのアイアンブリッジ渓谷で生産されるようになった。ちなみに1779年完成のセバーン川に架かる世界初の鉄橋「アイアンブリッジ」は世界遺産に登録されている。線路好きなら、産業革命の発祥地といえるこのアイアンブリッジ渓谷は必見のエリアだ。

ひっくり返して大発明

とはいえ、19世紀を迎えてもまだ馬車の時代である。1803年にロンドン郊外に開業した世界初の公共鉄道「サリー鉄道」は、L字形レールを使った有料線路で、自分の馬車を持ち込んで走らせるもの、つまり運河がレールに変わったようなものだった(もちろんサリー鉄道所属の貨物用馬車も持っていた)。その頃のヨーロッパにはワゴンウェイやL字形レール、木製軌道が混在していた。しかし、L字形レールはカーブに弱く、ポイントの切り替えも難しかった。

その少し前の1790年、イギリスのウィリアム・ジェソップ(1745〜1814年)という技師が、ワゴンウェイを見ていてあることに気がついた。

そうだ、線路と車輪をひっくり返せばよろしい。

軌道を車輪のように突起にして、車輪をワゴンウェイのような雨樋形にすれば回転効率もよくなり、雨どいの縁を内側だけ残せばポイント切り替えもできる。車輪の内側の縁、つまりフランジである。これは鉄道世界を変えた大発明だった。車体がある程度動揺しても、車輪はフランジの力で軌道内に落ち着いてゆく。たった3センチのフランジが、やがて来る19世紀に鉄道を陸上交通の王者に押し上げたのである。その原理は200年後の今もまったく変わっていない。時速400キロに迫る高速列車もフランジなしでは1メートルも走れない、ジェソップは偉い！　線路好きとして申し上げたい。彼の功績はもっと評価されるべきだと思う。

鋳鉄製のL字形レールは、カーブに弱く、ポイントの切り替えも難しかった

しかしご本人の本業は運河技術者で、彼がジョージア王朝期に心血を注いでイングランドに張り巡らせた運河による輸送網は、皮肉にもフランジを得た鉄道に駆逐されてしまう。

そして1814年、ジョージ・スチーブンソンがニューカッスルのキリングワース炭鉱で初めて画期的な蒸気機関車を走らせた。これに力を得た資本家たちがさらに好き勝手に線路を敷いた。おかげでイギリスでは、路線もゲージもバラバラのヘンな鉄道網ができあがってしまった、これは今も根本的には解決されていない。

そんな、すさまじい混乱を経て、信号や電信などの鉄道運行システムが確立したのは1840年頃。各国はこれを見て、鉄道というものは国家が統一的な計画のもとに建設しなければならないことを学んだ（アメリカは学ばなかったけど）。ちなみに大政奉還は1867年。日本はそんな創生期のドタバタ抜きに、ちゃっかり鉄道の完成品を頂いたのだった。

もし維新の混乱が半世紀早かったら、全国雄藩が勝手に欧米列強と手を組んで鉄道建設を始め、日本の鉄道網はもっと複雑でアナーキーな姿になっていたに違いない。

でも、ちょっと見てみたかった気もするけど。

ハリケーンが造った歯車鉄道

元祖、登山鉄道はアメリカにあった

アカマツのこずえを震わせるようなカン高い汽笛をあげて、一風変わった蒸機列車はカクカクと急坂を登り始めた。客車は華奢な木造、その後ろから武骨で年代物の蒸気機関車が歩くほどの速度で押し上げる。列車の先には、大森林の中にまっしぐらに上ってゆく線路が見える。

鉄道名は「コグ・レイル」。１８６８年10月に開業した世界最古の歯車式登山鉄道だ。

その鉄道はニューヨークから北東に約４００キロのアパラチア山脈の山中にあった。一帯はホワイトマウンテンというニューハンプシャー州の屋根ともいえる山岳地帯で、その主峰ワシントン山（１９１７メートル）に登る鉄道なのである。

日本でも碓氷峠《うすい》にスイス生まれのアプト式登山鉄道があった。そのため一般に歯車式のラックレール鉄道はスイス生まれと漠然と思っていた。しかしその起源をたどると、このアメリカのいささか寂れた登山鉄道に突き当たる。さて、この仕組みはどこから来たか、ここからはアメリカの話である。18世紀にトロッコが新大陸に伝わると、主に波止場からの荷揚げ用のインクラインとして使われた。だから黎明期のアメリカ鉄道はもっぱら坂道用で、長距離移動は川船に頼って

絶景の尾根をゆくコグ・レイルの蒸機列車

いた。
1857年の夏、シルベスター・マーシュ（1803〜1884年）はニューハンプシャーの山をさ迷っていた。登山中ハリケーンに見舞われたのである。猛烈な嵐を廃屋でやり過ごしたマーシュは考えた。「この山に鉄道を敷設するべし」

その頃、シカゴで蒸気で蒸す肉の缶詰や穀物乾燥機を考案して財を成したマーシュは、当局にワシントン山の鉄道敷設を申請する。しかし役人は「月まで鉄道を敷きたいと申すタワケが来た」と笑った。確かにわずか4・4キロの間に1105メートルも登る鉄道はケーブルカーでも無理である。

しかし彼には考えがあった。東部沿岸の坂道軌道で少数使われ始めていた歯車つき蒸気機関車である。さっそくマーシュはイギリスから資料を取り寄せ、機関車はニューイ

線路のラックレールに車体下の歯車（コグ）が噛み合って、勾配を克服する

ングランド最大の車両メーカー「H・ヒンスキー社」に発注、息子を常駐させて建造する手はずも整えた。初期の歯車式機関車はレールの脇にラックを設けていたが、マーシュは線路中央にラックを置き、強力な空気ブレーキを考案して勾配機関車を完成させた。

走る活火山、禿山の尾根を行く

そして南北戦争が終わってほどなく1868年にマーシュの「マウントワシントン・コグ・レイル」は走り始めた。日本は明治元年、ちょっと前までチャンバラをやっていた頃、アメリカでは観光鉄道が山に登っていたのである。その後マーシュは技術を公開し、ビクトリア期に産業革命で稼いだ英国人たちがスイスに多数のラックレール登山鉄道を造った。アプト式やリッケンバッハ式というラックレール鉄道は、実はマーシュの登山鉄道の改良型なのである。

さて、線路の歯車軌条もギザギザが精緻に組み合わさるアプト式と比べると、コグのものはグリスにまみれた幅10センチほどの大雑把な鋳鉄製のハシゴ段である。ここに車体下のでかい歯車が噛み合うのだ。戦後、日本で発達したみかん山に見られる農業用モノレールはハシゴ段形ラックレールを採用、これが発展した坂道用スロープカーにも150年前にマーシュが採用したハシゴ段式が使われる。かっちりギアが組み合わさるアプト式より、多少ガタついても仕事をするアメリカ風ハシゴ段が敗戦国日本には合ったのだろうか。

山麓側のベースステーションは創業者の名をとってマーシュ・フィールドと呼ばれており、巨大桶のような木製給水タンクや100年以上使っているような給炭装置など、鉄道ファンでなくても嬉しくなってしまうような開拓時代の風景が残されている。

線路はマーシュ・フィールドから尾根のスカイライン・スイッチ（列車交換所）まで一気に登り、そこから森林限界を越えたガレ場を山頂まで時計回りに半周して到達する。ここを、たった50馬力という6・5トン蒸気機関車が片道1時間ほどで客車を押し上げる。しかし小さいとはいえ、すぐ後ろで活火山のように黒煙を噴き上げる機関車がこのうえなく頼もしい。

2005年に乗ったときは片道1時間弱、途中で2回対向列車とすれ違った。晴れた日にはワシントン山にコグ・トレインの黒煙が何本もたちのぼり、なにやら宗教儀式を見ているような壮

噴き上げる黒煙がすさまじい蒸気機関車は、現在は10月の開業記念だけに運転される

観な眺めとなる（残念ながら現在はディーゼル機関車が主力、毎年10月には開業記念として蒸機運転も行われる）。すでに樹木もない標高1917メートルの山頂にはワシントン山気象観測所があり、ここは1934年4月12日に風速毎秒約103メートルという、とてつもない強風の世界記録を観測したところだ。

ちなみに、マーシュ・フィールドからしばらく下ると、1944年に第二次大戦後の世界の経済体制「ブレトン・ウッズ協定」を決める会議が行われた「マウント・ワシントン・ホテル」がある田舎町、ブレトン・ウッズ（現キャロル）がある。

第２章　建築と構造物の箱
Architecture & Construction

踏切

女性が支えた危険な職場

交通の障害以外のなにものでもない鉄道の踏切だが、ドラマや映画の重要なシーンには結構便利に使われている。線路と踏切は犯人と刑事とか、恋人たちとかを邪魔するには持ってこいのドラマチックな仕掛けなのだ。全国にはそんな踏切が約3万4000カ所あるという。鉄道の総延長をこれで割ると、約790メートルにひとつ踏切があるという計算だ。平均で1キロ以下の踏切密度とは、日本の運転士も大変だなあと思う。さて、1872(明治5)年の新橋〜横浜間の鉄道開業時もすでに何カ所かの踏切はあったという。当時は踏切ごとに踏切警手がいて、遮断機は線路のほうを「遮断」していた。そして列車がやってくると、今度は遮断機で道路を閉鎖した。このスタイルはイギリスの古い鉄道でも同じ形式だった。

そののちには、普段は道路側に遮断機を下ろしっぱなしにして通行人が来るときだけ遮断機を上げる方法に変えたという。また踏切がないものの線路横断が日常的な場所には、あらかじめ荷車などが線路を越えるための移動式踏み切り台が置かれていて、使った後は線路端に片づけるのが掟という当時の新聞記事が残っている。はたしてこれが公認の踏切かどうかは定かではないが、

「道路往来ハ人民ノ権利」と新聞も開き直っている。これ以後、全国におびただしい数の踏切が設けられ、その多くに踏切警手が配置された。

ところで明治時代より踏切を守る仕事に多くの女性が就いていた。ここでは「踏切警手」と書いているが、実は「踏切番」が一般的な呼び方だった。しかし、客車のトイレが落下式だった頃は、まさに糞尿にまみれての仕事だったこともあって社会的に下層の仕事とされ、この言葉は現在も大手マスコミの「言い換え用語」の中に入っている。とはいえ1905（明治38）年6月17日、まさに日露戦争のさなかに九州鉄道（現・JR鹿児島本線）吉塚駅付近の踏切を守っていたわずか11歳の少女・山崎栄《やまさきえい》は、線路内に立ち入った人を救うために列車に接触して殉職した。当時の地元紙は、この英雄的行為を廣瀬武夫海軍中佐や東郷平八郎の記事以上の大きさで報じたという。時代は下って1958（昭和33）年には『むすめ踏切番』（松山恵子）という歌謡曲もレコード化されている。近代の日本の踏切は、女性が守っていたのである。

これからの踏切は、原則禁止

そんな踏切も列車の高速化や人件費の節減などでほとんどが自動化され、警手が遮断機を操作する踏切はJR東海道本線東淀川駅近くの北宮原踏切（第1・第2）など全国でも数えるほどに

今も警手が遮断機を操作する、東海道本線東淀川駅近くの北宮原踏切

日本屈指の踏切密集地帯である南海電鉄加太線二里ケ浜〜磯ノ浦間

なった。ちなみに踏切警報機の自動化は日本でも大正時代から研究され、現在の点滅式や、列車が接近すると信号板が揺れ出す欧米に多かった動揺式も検討されたという。

ところで、あのカンカン鳴る踏切の警報機だが、ほとんどが合成音で、住宅密集地向けに、遮断機が下がるとボリュームが下がる音量変化機能も搭載されている。そんななか、鉄道ファンから珍重されているのが「電鈴式」という警報機で、塔のてっぺんにある鈴を機械的に叩いて音を出す旧型のタイプだ。すでにＪＲからは消えたが、全国のローカル私鉄ではときおり見かける。まるで茶碗を叩くような鄙びたチンチン音がローカル線によく似合う。さらに音の大きい「電鐘式」警報機もあり、首都圏では江ノ電江ノ島駅近くの龍口寺《りゅうこうじ》前の交差点に取り付けられ、電車がやってくるとカンカンと街に警鐘を鳴らしている。

そんな踏切だが、現在の法令「鉄道に関する技術上の基準を定める省令」では踏切の新設や復活は認められていない。全国の3万を超す踏切は、法律上では改善すべき準違法な存在なのだ。

さて、和歌山県北部の海沿いに南海電鉄加太《かだ》線という単線の支線が延びている。その二里ケ浜《にりがはま》～磯ノ浦間約９００メートルには、実に12カ所もの踏切が横切っている。このうち11カ所にはちゃんと遮断機もある。おそらく、ここは日本屈指の踏切密集区間ではないかと思う。

駅の階段と地底駅の苦労

過去には「浮いた」駅もある

「四次元とは、縦・横・高さ、そして低さである」。思わず筒井康隆の小説に出ていた言葉を思い出したのがJR上越線土合《どあい》駅でのこと。ここには462段のモンスターのような階段がある。それというのも駅舎の地下70・7メートルを通過する新清水トンネル内に下り線ホームがあるためで、長い通路の先に全長338メートルという急坂の階段が異次元に続くように延びている。ここは正直言って怖い。人々は一段一段に書かれた段数の数字を見ながら、まるで罰ゲームのように歩いている。

土合駅が地下なら、島根県にあるJR三江《さんこう》線宇都井《うづい》駅は地上から116段の階段を上らなければ列車に乗れない天空の駅だ。こちらは地上約20メートルもの高さで谷を渡る高架線のホームまで、コンクリートの階段をぐるぐる回りながら息を切らせて上って行く。いずれも「バリアフリー法」を笑うような2つの駅だが、乗降客が少ないために放置されている状態だ。土合駅は谷川岳に近い群馬・新潟県境にあり、また宇都井駅も広島と島根県境の山岳地帯にあって、隣接するダムの堰堤まで高度を稼ぐ必要から、異様なほど高い場所に線路がある駅になった。

ＪＲ上越線土合駅には、地下に全長338メートル、462段の階段がある

どちらも私が体験した体力勝負の駅だ。

しかし、都会の駅も負けてはいない。駅の階段といえば地下鉄だ。東京メトロ千代田線の国会議事堂前駅などは、ホームから地上出口まで最長で２０９段。都営地下鉄大江戸線六本木駅では、内回りホームから最長２６０段もあるというからたいしたものだ（いずれもエレベーター、エスカレーターあり）。これが東京駅ともなると最も高い中央線ホームから、地下５階にあたる京葉線ホームまでの高低差は約45メートルにも達する。しかもその間にはＪＲ在来線や東海道・東北・上越新幹線、それに地下鉄丸ノ内線も合わせて15面30線のホームがひしめいている。駅長になったつもりでこの全ホームを巡るといかほどの歩数になるか、どなたか歩いてみていただきたい。

余談だが、もともと「八重洲」と呼ばれた東京駅の

地上から116段の階段を上らなければならないJR三江線宇都井駅

場所は浜辺の延長のような場所のため、地下水位は極めて高く、巨大な地下駅の空間は放っておくと潜水艦のように〝浮上〟してしまうという。このため地下の岩盤層まで躯体からアンカーを打ち込む工事がなされている。本当にこんなでっかいコンクリートの構造物が浮き上がるのか？と思ってしまうが、かつてJR武蔵野線新小平駅でも大雨によって地下水位が上昇し、ホームの真ん中が浮力で浮き上がってしまう事故があった。地下水は舐めたら塩辛い……ではなく、怖いのだ。

未来の地下駅は、ちょっと怖い

地下駅で印象的だったのが、新潟県のほくほく線の無人駅・美佐島《みさしま》駅だ。ここは駅舎の下に私鉄の山岳トンネルとしては最長の赤倉トンネル（1万4７2メートル）が通過していて、片面だけのホームが設けられている。しかし特急「はくたか」が時速160キロで通過するために、普段はステンレス製の防風扉でエアロックのように二重に閉鎖され（地下待合室はこの中にある）、普通列車の停車時だけ開く構造になっている。高速列車が通過するときは、頑丈そうな扉の隙間からホイッスルのような音をたてて風が吹き込み、その空気圧の威力は恐ろしいほどだ。開業前にテストで防風扉を開けて列車を通過させたところ、待合室の小間物を吹き飛ばしてしまったという。リニア中央新幹線の地下中間駅が計画されている自治体関係者は、この美佐島駅を体感するといい。

さて、1872（明治5）年に日本で初めての鉄道駅として開業した新橋駅や横浜駅には玄関からホームまで一段も階段はなかった。また皇族が乗降する駅にも段差はなかった。このため軍港の玄関だった横須賀駅や葉山御用邸を控えた逗子駅も、跨線橋以外に段差はない。駅に多くの階段が現れるのは、高架化や地下化によって鉄道が立体化してきた昭和初期からだ。たとえば1928（昭和3）年に開業した東急池上線五反田駅では、高架の五反田駅（山手線）のさらに上にホームを置いて、地上4階の高さまで客を上らせた。ここでは今でも高々と鉄骨で支えられた池上線ホームを見ることができる。大都会とはいやおうなく、多次元にならざるを得ない場所なのだ。

スイッチバック

勾配克服の非常手段

山中に突然現れる入り組んだ線路、鉄道が急勾配に挑むときの線路形状のひとつがこのスイッチバック。レールを斜面に沿ってジグザグに設け、列車は前進後退を繰り返して上下する仕組みだ。また、かつて機関車のパワーが弱かった頃、勾配の駅では列車が坂道発進できなかったため、いったん等高線に沿ってレールを分岐させ、水平なホームを置くこともあった（JR篠ノ井線姨《おば》捨《すて》駅や土讃《どさん》線坪尻《つぼじり》駅など）。この場合も列車はバックして駅に進入し、発車時は逆方向に進むことからスイッチバック駅と呼ばれている。このような勾配型のスイッチバックは、現在ではトンネルや車両の進化などで、新路線では考慮されない線路配置になった。いま残っているものは、非力な列車でなんとか山を越えさせるために、先人が地形と相談して設けた一種の産業遺産ともいえるだろう。

話はややそれるが、96歳まで鉄道写真を撮り続けた元東急電鉄の荻原二郎さんによると「戦時中、小田急線（当時は大東急［東京急行電鉄］の一部だった）に蒸気機関車で貨物列車を走らせようとしたんだけど、もともと電車用に造られた路線なので勾配が急な場所が多くて、上手くい

箱根登山鉄道塔ノ沢～宮ノ下間は、大平台駅を含めた3段スイッチバックで知られる

かなかった」という。鉄道とは、その時々の列車に合わせて路線をデザインするものだと納得する。ともあれ、スイッチバックともなると、通常の手段では越えられない地形を突破するための最後の一手なのだ。

日本では1885（明治18）年に開業したJR信越線松井田駅が初のスイッチバック構造をもつ駅として誕生した（その後は通常型の駅に改修）。国内で残っている勾配型の現役スイッチバックは箱根登山鉄道の3段スイッチバックを筆頭に12カ所ほどになったが、その遺跡を探すと、JR御殿場線など多くの勾配路線に残っている。また、工事用軌道では全国の森林鉄道などでも見られた。

このほか、平地にもJR石北《せきほく》本線遠軽《えんがる》駅のように、かつてはJR名寄《なよろ》本線と石北本線のY字形分岐駅だったものが、名寄本線廃止によってスイッチバック駅になったところもある。もし乗っている列車の進行方向が途中で変わったら、そこには鉄道をめぐるさまざまな歴史があると思って間違いない。

18段スイッチバックが富山県に

さて、そんなスイッチバックの発祥はよくわかっていないが、1827年にアメリカのペンシルバニア州に開通した炭鉱鉄道に「モーク・チャンク・スイッチバック鉄道」という名前が見られる。この鉄道は山上の炭鉱から積み出した無煙炭のトロッコを河川港まで下らせるために、斜面に長大な線路を設けたものでいわゆるジグザグの形は見られない。下りはおそらくブレーキ操作で下り、空車となったトロッコはラバに引かせて山に回送した。当初は石炭と一緒に回送用のラバも乗せて山を下らせる計画だったが、ラバが嫌がってトロッコに乗らなかったため餌で釣って乗せた。

アメリカ人はこれを〝世界初の食堂車〟と自慢する。後年、この鉄道は絶景を駆け下りることから人気の観光鉄道となり、あのトーマス・エジソンも乗ったという。ともあれ、アメリカではこれ以後、ジェットコースターのように重力で下っていくアトラクションを「スイッチバック」

富山県の立山砂防工事専用軌道には18段という連続スイッチバックがある

と呼ぶようになり、日本でいうところの勾配型スイッチバックを「ジグザグ・レイルウェイ」と呼んでいる。このあたりはちょっとややこしい。

　ちゃんとしたスイッチバックですごいのがアンデス山脈に登るペルー中央鉄道で、首都のリマからラ・オロヤまでの間に21カ所の折り返しがある。また富山県の立山砂防工事専用軌道には18段という、おそらく世界最多の連続スイッチバックが稼働中だ。

転車台

回すのは、結構大変なんです

JR肥薩線「SL人吉《ひとよし》」や山口線の「SLやまぐち号」など全国の蒸気機関車の多くが、終着駅の転車台で方向転換するシーンを見せてくれる。レース直後の競走馬のように全身に熱気を帯びた機関車が、歌舞伎の舞台で大見得を切るように一回転する姿はなかなか見ごたえがある。

かつて蒸気機関車が多く使われていた頃は、この転車台は津々浦々の終着駅や機関区に見られた。炭水車を連結し、宿命的に〝前後〟があるテンダー式蒸気機関車にとって、ターンテーブルと呼ばれる転車台は鉄道発祥の頃から折り返し駅には必須の方向転換装置だったのだ。ちなみに方向転換は三角線（線路をデルタ状に敷設する）やループ線などでも可能だが、広い土地が必要なこともあって日本ではあまり普及しなかった。もし日本で三角線が普及していたら、やがて家が建て込んできて面白い鉄道風景ができただろうなあと思う。でもその代わりに、転車台を中心に扇形の車庫を組み合わせることによってコンパクトに多数の機関車を収容できるようになった。

ただし電化が普及すると電気機関車は両運転台のため方向転換が不要になることと、架線が極めて複雑になることから幹線の機関庫からはどんどん消えていった。そんな転車台だが、蒸気機関

小樽市総合博物館の転車台は上路トラスになっている

車が登場した18世紀初頭の転車台は木製で、車両が載る橋桁を鳥居状のマストから吊る「回転する吊り橋」のような形状だったという。それというのも、ヨーロッパでは鉄道交通より以前に運河が発達していて、各地に設けられた回転橋の技術が転用されたのだ。そんな黎明期には、小さな転車台は人力で動かし大型のものは牛や馬で転回させたという。

ともあれこの重量物をマワす技術は12世紀頃にベルギーのフランダース地方に現れた風車にもあって、16世紀になるとオランダでは、高さ30メートルに達する巨大な風車を建物ごと風向きに応じて回転させていた。以前、北ドイツで見たクラシックな風車は風車塔だけではなく、内部に秘められた羽根の回転軸から、粉碾き機に動力を導く回転速度同調システム（風力で羽根の回転速度が変化しても同じ速度で石臼を回す遠心調速器、しかも木製）にも感動した。頭のマワる人はどの時代にもいたのだ。この風車のような内部にメカを抱え込んだまま転回する構造は、のちに軍艦の主砲などにも応用される。より効率的に、より楽にと必要に迫られて開発された技術の蓄積が、やがて来る産業革命の基礎になっていったのだ。

各地の古転車台が面白い

さて日本の大型転車台は、ほとんどが電気モーターを使っていた。そんな中で小樽市総合博物館に現存する転車台は「大友式転車台牽引装置」という機械で可動状態で見学することができる。これはローカル駅の動力のない転車台を回転させるメカで、転車台に載せた蒸気機関車から供給される圧搾空気でシリンダーが伸び縮みして、その先端が転車台の縁をつかんで回転させるというものだった。その動作の様子から「尺取虫」とも呼ばれていたという。転車台の穴にもいろいろあって、車両を載せる橋桁が上路トラス（写真P55参照）の場合は浅く、下路トラスのときは深い穴が掘られた。さらには雪国の転車台は融雪水を流すためにすりばち状に掘られていた。

また国内に多いバランスト型の転車台では、機関車の重心を軸位置（中央支承と呼ぶ）に合わせる必要があった。これにより重量のほとんどを橋桁の車軸で受けるため、転回させる動力が少

旧国鉄日中線熱塩（あつしお）駅の転車台跡。ここの転車台は人力での可動式であり、下部は水槽状で浮力を利用できるように設計されていた

なくて済む。ただし搭載する石炭や水によっては重心が変わり、橋桁の長さで調整がつかないと回転できなかった。また先出の小樽市総合博物館では、夏の猛暑で橋桁が膨張して転回不能になることもあるという。見た目は簡単そうなメカだが転車台にまつわる苦労は多いのだ。

　国内に残る最古級の転車台は、大井川鐵道千頭《せんず》駅（１８９７年イギリス製）や長良川鉄道北濃《ほくのう》駅（１９０２年アメリカ製）のものとされているが、近年ＪＲ因美《いんび》線美作河井《みまさかかわい》駅構内からも外国製らしい転車台が発見された。また旧国鉄武豊港《たけとよみなと》駅の引込み線跡からも、１９２７年製の転車台が掘り出されている。このように、古い駅の構内に埋められた各地の転車台を調べると、まだまだ新発見がありそうだ。

ケーブルカーの駅舎

気合いの入った、山上の駅舎建築を見よ

ちょっと意外だが、日本には新しいケーブルカーはほとんど存在しない。ほとんど、と書いたのは、工事用のインクライン（貨物用ケーブルカー）を観光用に改造したものが宮ヶ瀬ダム（神奈川県）と青函トンネル記念館（青森県）に存在するからだ。しかし、それ以外のものとなると一番新しくても1969（昭和44）年の立山黒部貫光鋼索線の黒部ケーブルカー（黒部平〜黒部湖）で、多くのケーブルカーが戦前開業の長い歴史をもっている。つまり標高差を克服する観光地のヴィークル（乗りもの）はすでに1970年代からロープウェイの独壇場になっている。山深い急斜面にわざわざ線路を造るような面倒な工事は、今となっては時代遅れなのだ。

もとよりケーブルカーは2台のゴンドラをケーブルでつないで、つるべ式に坂道を上下させる仕組みで、その動力は山上駅に設けられた巻揚げ機によって賄われる。このため観光的に設置されたケーブルカー路線の多くは一種の〝機械装置〟でもある駅舎、それも山上駅はコンクリートでがっちりと構築されたビルディングスタイルの駅舎が多かった。しかも、建設されたのは大正後期から昭和前期の、いわゆるモダニズムデザインの高揚期である。

2005（平成17）年に廃止された旧屋島ケーブル（屋島登山鉄道）の屋島山上駅

　平地を走る普通の鉄道においては、昭和初期のビルディングスタイルの駅舎は都会の駅が多かった。ところがケーブルカーのビル駅は、それこそ山の上の大自然の中にあるのだ。しかも基本的に観光目的なので、いかにケーブルカーは地形を克服する文明の利器であるかをアピールして、必要以上に御大層に造られた。それが風雪を経て、周囲の自然と馴染んできたときには絵に描きたくなるような風景になる。駅舎も人間も、時代を超えて評価されなくてはホンモノではないのだ。

　話が大げさになった。ともあれ、駅舎探訪の中で見過ごされがちなケーブルカーに注目すると、私の目を見開かせてくれたケーブルカー山上駅に行きつく。

　それは高松市郊外の屋島ケーブル（屋島登山鉄道）の「屋島山上駅」だ。１９２９（昭和４）年に開業したこの山上駅舎は、高松市街を望むテラスでダンスパーティーも開かれたという地上２階、地下１階建てのビルディングだ。そして空に突き出す塔の上に宇宙と交信するようなアンテナが屹立し、駅舎というより測候所か研究所の風情がする。あるとき、この駅舎を撮影したら、ドイツ表現主義のポスターみたいに写った。その見事な立ち枯れぶりが注目を浴びて、2013（平成25）年の瀬戸内国際芸術祭ではこの建物自体が作品として評価されている。しかし、残念ながら屋島ケーブルはすでに2005年に廃止されたいわゆる廃墟物件で、かつて最終運転日に運転機器が力尽き、「弁慶」と「義経」と名づけられたゴンドラが緊急停止したまま廃止されてしまった。鉄道ファンから〝弁慶の立ち往生〟といわれた屋島ケーブル。さすが源平合戦の地である。

箱根には北欧モダニズムの駅もある

このようにしてみると、西日本には名建築の駅舎をもつケーブルカーが多い。たとえば比叡山坂本ケーブル（滋賀県）には、近代建築として評価の高い山上の「ケーブル延暦寺駅」がある。ここはまさに森の中のモダニズムで、1927（昭和2）年開業のスクエアなコンクリート建築にはテラコッタの装飾が各部を引き締め、年季の入ったベンチや出札口と相まって名刹の玄関口のムードを存分に出している。同じ関西でも六甲ケーブル（兵庫県・1932〔昭和7〕年開業）は、山麓の「六甲ケーブル下駅」に丸太をおしゃれに使った山小屋風の駅舎。そして「六甲山上駅」は外観はクラシックなデパートのようだが、内装はアールデコ風の曲線を多用した大建築に

箱根・十国峠ケーブルカーの十国峠駅は見ごたえある円形駅舎

なっている。このほか南海電鉄高野線の極楽橋駅から登って行く「高野山駅」は、１９３０（昭和５）年開業の木造２階建てだが、地下の機械室はがっちりとしたコンクリート構造で、寺院をかたどった洋館建築（これが意外にいい）が見事だ。

これに比べて、東日本のケーブルカー駅舎にはいいものがなく、それほど期待していなかったが、あるとき箱根十国峠ケーブルカー（静岡県・函南町《かんなみ》）に登って衝撃を受けた。ここは全長３１７メートル、標高差１０１メートルという小学生でも登れるような小規模なケーブル路線だが、山上の「十国峠《じゅっこくとうげ》駅」はまるで北欧モダニズムの巨匠ヨハネ・ヤコブセンを思わせる円形駅舎だった。ここは１９５６（昭和31）年に駿豆《すんず》鉄道によって開業したもので、当時すでに西武鉄道・プリンスホテルグループとなっていた同社の勢いを象徴するような突き抜けた駅舎が、今も富士を借景に建つ。駅舎ファンならずとも、近くを通った際は４３０円（往復）を払って見てほしいケーブルカー駅舎だ。

超高速モノレールのはずだった

ロッキード式モノレールの廃線跡

関西人は自慢していい。あの大阪空港駅と門真《かどま》市駅を結ぶ大阪モノレールは全長21・2キロ。堂々、世界最長のモノレールなのである。

この路線が千里《せんり》中央や万博記念公園に住む人ぐらいしか使い道がなくても、梅田から空港までのアクセスにはかなり大回りでも……世界一は世界一。もちろんギネスにも認定されていて、その認定証のコピーはモノレールの主要駅にも張り出されている。

さて、そんな大阪モノレールの陰に隠れてひっそりと咲き、あっという間に散っていった幸薄いモノレールがあった。あの世界遺産・姫路城の城下にあった姫路市営モノレールである。

1966（昭和41）年5月17日、国鉄姫路駅前のモノレール姫路駅から手柄山《てがらやま》中央公園までの1・6キロの間に跨座《こざ》式のモノレールが開通した。これは戦災から立ち直った姫路市をアピールしようと、手柄山一帯で開催された「姫路大博覧会」のための交通手段として建設されたものだった。

モノレールは、アメリカ「ロッキード社」の航空技術で開発したロッキード式と呼ばれた最新鋭モノレールだった。これはモノレール軌道の上に鉄のレールを設け、車両の走行は鉄輪、そし

1974（昭和49）年に廃止された姫路市営モノレールの車両は、手柄山交流ステーションで公開中

て保持は両サイドのゴムタイヤで行うという鉄輪式モノレールだった。その最大の特徴がスピードで、最高速度は時速160キロも可能とされていた。

姫路市では、姫路博覧会が終わった後はモノレール路線を延長し、ゆくゆくは姫路市を一周する環状路線にするもくろみだった。さらにその高速性能を生かして、山陰方面に連絡する長距離モノレールの青写真まで描いていたという。

向ケ丘遊園もロッキード式

しかし、とりあえず開業した姫路と手柄山ではあまりに近く、運賃も100円と当時としては高かったため利用は低迷し、開通8年目の1974（昭和49）年4月10日をもって運行を停止した。それから年月を経た今でも、コンクリート製の特異なモノレ

独特のフォルムが人気だった向ヶ丘遊園モノレール

ール廃線跡は姫路市内の各所に残っている。普通の線路とは違い、高々と建設されたモノレールのコンクリート軌道は撤去に多額の費用がかかるためで、なかば放置状態になっているのだ。特に中間駅だった大将軍《だいしょうぐん》駅は高層住宅ビルと一体化した構造だったため、今も姫路市の奇観として残っている（取り壊し予定だが）。

さて、廃止後はほとんど一部の鉄道ファンにしか知られていなかった姫路市営モノレールだが、実は終点の手柄山駅（山の地下にある3階建ての駅ビルだった）にモノレール車両がそのままの姿でひっそりと保管されていた。長らく非公開で〝開かずの間〟だったこの旧駅と車両が、建物改修に伴って平成23年度に公開された。このように〝秘仏〟になっていた鉄道車両の御開帳（手柄山交流ステーションで公開中）も珍しい。

ところで、国内で同じロッキード式を採用したモノレールに、小田急電鉄向ヶ丘遊園モノレール（２００１〔平成13〕年に廃止）があった。これは向ヶ丘遊園駅から向ヶ丘遊園正門前までを結んでいた１・１キロの路線で、１９６６（昭和41）年から35年間も運転された。これは実際に乗ったことがあり、そのアルミをまとった、運転席が前面に突き出したデザインがなんとも浮世離れしていて楽しかった。向ヶ丘遊園では自慢の高速性能を発揮するチャンスはなかったが（すぐ到着してしまうので）、鉄輪式らしい走行音が結構大きかった印象だ。

ともあれこのモノレールがあの巨大なロッキード社の中で、どういういきさつで開発されたのか定かではないが、今のところ向ヶ丘と姫路でしか実現しなかったことと両者の車両デザインが大きく異なることから、かなり日本側の技術も反映されていたようだ。

この昭和40年頃は、航空自衛隊の主力戦闘機もマッハ２を実現したロッキードＦ１０４で、そのスピードのイメージを利用してモノレールを日本に売り込んだのだろう。しかし１９７４（昭和49）年にロッキード・モノレール社は事業から撤退し、小田急電鉄では最後には部品を自製しながら維持していた。こちらのロッキードの保存車両はない。

究極のエコ、水重力式ケーブル

19世紀の知恵と技術、結構いいかも

旅客ケーブルカーの起源は、実はよくわかっていない。今のところ世界最古の旅客用ケーブルカーは1873年開業のサンフランシスコのケーブルトラムや、1875年のイスタンブールの地下ケーブルカー「テュネル」あたりだろうとされている。

急坂の軌道にロープをつけたワゴンをつるべ式に上下させるアイデアは古くからあって、1826年にアメリカマサチューセッツ州に開通した「グラニット鉄道」は、花崗岩の採石場から川岸までのケーブル式軌道だった。ちなみにこの「グラニット鉄道」はアメリカ初の鉄道として名前を残している。

さて、ケーブルカーは20世紀初頭、ヨーロッパアルプスを中心に盛んに建設された。その当初から動力に水を使うケーブルカーがあった。これは井戸のつるべと同じように、水入り桶と空桶とでは水入りのほうが下がってゆく理屈である。ワゴンに水タンクを備えて山上駅で給水し、同時にケーブルでつながった山麓駅のワゴンが排水すれば重量差でケーブルカーが上下する。

これは水重力ケーブルとも水バラスト式ケーブルとも呼ばれ、山上駅に水を引き込むことがで

ベルンにあった水重力ケーブルカー。右は1888年開業のネロベルク登山鉄道

きるところでは、たいていこの方式がとられていた。今でも少数ながらこの水重力式ケーブルカーは生き残っていて、ドイツ南部の温泉リゾート・ヴィースバーデンには１８８８年に開業したという水重力式ケーブルカー「ネロベルク登山鉄道」がある。標高差83メートル、全長約４３８メートルの小ぶりなケーブルカーだが、40人乗りのゴンドラには7トンの水タンクがあり、山上駅のホーム下には３８０トンの貯水漕が設置されている。ここでは山上駅に到着すると車掌がおもむろに駅のバルブを開き、ゴンドラのタンクに給水して〝重く〟していた。ただし、満タンにするためには15分ほどかかってしまう。でも、丘の上で水音を聞きながら、まったり次の発車を待っているのもなかなか趣があった。

まるで物理の勉強、日本でも乗れる

またスイスの首都ベルンにも、市内を深々とえぐるアーレ川の河岸段丘を克服する「マルツィリ線」という水重力式ケーブルカーがあった。残念ながら２０１４（平成26）年に電気動力に改修されてしまったが、スイス国会にあたる連邦議会議事堂のすぐ脇から30メートルの標高差を上下する小型のケーブルカーで、車両に３・５トンの水タンクを備えて動力としていた。ちなみに、このスタイルのケーブルカーはひとつ致命的な欠点を抱えていて、冬になると寒冷地では動力たる水が凍ってしまうのだ。このためネロベルク登山鉄道は冬季休業となるが、ベルンのケーブルカーは「いや大丈夫、水は街の下水を使っているから冬でもあったかくて凍らない」と切符売り場の職員が教えてくれた。「でも、夏は少し臭うけどどね」とも聞いた。

ここは国鉄のベルン駅から徒歩４００メートルほど、近くに水タンクを抱えた以前の車両も保存されている。

ともあれ、落下式水力発電の電気で動くケーブルカーとこちらのケーブル。どちらが効率いいのかは定かではないが、まあ水の位置エネルギーを利用するという意味では同じである。

このようなアースコンシャスなケーブルカーは日本国内にもあって、高知県東部のユズと林業

余った水を排出しながら下って行く馬路村のインクライン

で知られる馬路村《うまじむら》の一角にも観光用として存在する。こちらでは伐採した材木を搬出するために、ケーブルカーと似た構造のインクラインがたくさんあったことを記念して、水動力式で復元したという。馬路村は村内の2カ所に森林鉄道を復元するほど鉄道好きには気になる村だが、役場近くの急斜面に設置されたケーブルカーは最大斜度34度の急斜面を上下するシングルワゴンで、軌道下のカウンターウェイト（重り）とケーブルがつながっている。そして上に登ると自動的にゴンドラに給水されて、しばらくすると下り始めるアトラクションだが、ずんずん登る感じがなかなか面白い。1回400円、夏休み期間は毎日、それ以外は日曜・祝日に運転する。

第 3 章　旅と風景の箱

Journey & Landscape

アニマル駅員

かつては駅ネコにも仕事があった

1872（明治5）年の新橋〜横浜鉄道開業時の運賃は「上等一円十二銭五厘、中等七十五銭、下等三十七銭五厘。犬は客車以外に首輪付きで乗せるか箱入りで二十五銭」と定められていた。その頃、乗客の西洋人が愛玩用の犬を連れて旅をするため、犬の乗車料金も定められたようだ。ちなみにかつての横浜地方では洋犬を「カメ犬」と呼んでいた。西洋人の飼い主が「カモン！」と叫ぶと走り寄ったことに由来するという。そんな鉄道と動物の物語は昭和になって、亡き主人を渋谷駅前で待ち続けた秋田犬、忠犬ハチ公の美談で銅像まで建てられた。このハチ公像だが、初代の銅像は第二次大戦中の金属回収令で供出され、鋳つぶされて機関車になったという。だから現在のハチ公像は1948（昭和23）年に再建された2代目である。

逆に開拓期の北海道では、山中の駅や保線小屋がよくヒグマに襲われたという。今でも積雪期のJR花咲線（根室本線）などではエゾシカが列車に衝突する事故が絶えない。あるとき、釧路から根室まで列車に乗ったときに、駅も何もないところでけたたましく警笛が鳴って急ブレーキがかかった。そして前の方からドンという音を聞いた。運転士が雪の線路に降りて、周囲を確認してからよじ上ってきて、乗客に「シカ！」とひとこと言ってふたたび発車する。このときは接触だけで大事には至らなかったが、なんと片道で2回も同じことがあった。また、渋民駅（IGRいわて銀河鉄道）で列車を待っていたら線路からホームに上がってきた奇怪なアニマル（カモシカでした）に遭遇したことがある。このように大型の野生動物が増えすぎたために列車との衝突事故も多発していて、たとえばJR東海だけでも年間571件（2010［平成22］年）も発生している。このため列車前面のスカート部分にゴム製の衝撃緩和装置を取りつけて、線路外に押しのける工夫も考えられている。はたしてこれで効果があるのかは定かではないが、「死体処理が大変」という現場では、衝突しても〝仏さん〟にならないことが大事なのだろう。

共食い心配な伊勢えび駅長

鉄道とアニマルたちの関係は平成になって「ネコ駅長」の誕生を見た。その最初は、岡山県で鉄道の保存運転をしている片上《かたかみ》鉄道保存会のアイドル猫「コトラ」で、太った体で旧片上鉄道吉《きち》ケ《が》原《はら》駅に悠然と寝そべる姿に〝駅長〟の称号が奉られたという。現役鉄道では和歌山電鐵貴志駅駅長の「たま」があまりにも有名で、キャラクター電車や猫形駅舎まで建てられる人気ぶりだ。また一切愛嬌を振りまかないことで評判なのが会津鉄道芦ノ牧温泉駅駅長の「ばす」で、いずれ

2009（平成21）年5月には、旧片上鉄道吉ケ原駅の駅長猫コトラ（左）が、会津鉄道芦ノ牧温泉駅のばす駅長を表敬訪問した

も地方私鉄の集客に多大な貢献をしている。

ここまでは近所の飼い猫や、流れ着いたノラという〝プロパー〟なアニマル鉄道員だが、その昔の駅といえば、旅客だけではなく農産物の出荷などの役割も果たしていた。今でも駅の周囲に古い農業倉庫が見られるところも多いが、そんなところに保管している米や穀類はネズミやスズメの格好のエサ場となっていた。そこで駅ではネコを飼ってネズミ退治を図ったと伝えられている。

もとよりネコは、奈良時代に仏教の経典をかじるネズミの駆除をさせるため大陸から渡ってきたという説もある外来動物で、明治時代には、ペスト菌を媒介するネズミを退治するために各家庭で飼うことも奨励された。つまり、駅のネコはお客様の荷を守る〝生物兵器〟だったのだ。そういえば国鉄時代の

キャラクター電車や駅舎までできた、和歌山電鐵貴志駅のたま駅長

上野駅地上ホームでは、線路脇にまるまると太ったネズミを見たことがある。衛生上、駅にネコはいてしかるべき存在だったのだ。今ではネズミ退治から観光アイドルとなった駅ネコだが、その人気を見てイヌ助役（JR土讃線大歩危《おおぼけ》駅・退任）、子ざる駅長（北条鉄道）、うさぎ駅長（山形鉄道宮内駅）、ペンギン駅長（伊豆急下田駅）、はては伊勢えび駅長（阿佐《あさ》海岸鉄道宍喰《ししくい》駅）まで現れ、話題作りに励んでいる。ちなみに伊勢えび駅長は、助役の伊勢えびを食べてしまったことがあるそうだ。ともあれ、後世の鉄道史に〝動物駅長の時代〟と書かれそうな盛況ぶり。はやりのカワイイ・ムーブメントの鉄道版かもしれない。

駅スタンプ

福井駅から帝国版図に広まった

少し前に、四国で盗まれた駅のスタンプが遠く青森県で発見され、めでたくもとの駅に戻されたというニュースがあった。まるで志賀島《しかのしま》に埋まっていた「金印」のような話だが、驚いたのはスタンプの旅ではなく、スタンプが盗まれたＪＲ土讃線坪尻駅が香川・徳島の県境に近い「秘境駅」として知られた山中の無人駅だったことだ。そんな駅にまでスタンプが置かれているのだ。

もとよりスタンプは、鉄道の駅にとてもなじみがあるゴム印だ。ちょっと以前の駅は、ゴム印であふれていたからである。定期券の駅名や有効期間が、紺とも紫ともいえない色のゴム印だったことを覚えている人も多いと思う。そんなおびただしいハンコは、いつしか自動券売機や自動改札の普及で消えていった。なんとなく〝お上〟の雰囲気がする国鉄時代の駅で発行される定期券の印影は、パスポートの入国印のようなありがたみさえ感じられた。だから今でもローカル私鉄の出札口などに並ぶゴム印を見るとわくわくしてしまう。ともあれ、最近の駅のスタンプ台の管理がおろそかに感じるのは（つまりインク枯れ）、駅で使うゴム印の減少も影響していると思う。

１９７０（昭和45）年、「ディスカバー・ジャパン」のキャンペーンで全国の約１４００駅に一

旧国鉄士幌線十勝三股駅の駅スタンプ。駅跡に近いカフェに保存されている

斉に置かれ、旅の楽しみにもなった駅スタンプだが、その歴史は戦前にさかのぼり、1931（昭和6）年に旧国鉄福井駅に設置されたものが始まりとされている。当時の富永貫一福井駅長のアイデアで実現したもので、日本初の駅スタンプには永平寺の山門がデザインされていた。これ以後全国の主要駅や、日本統治時代の台湾や朝鮮、満鉄の駅にも置かれるようになった。やがて周辺の花鳥風月をたくみにデザインした駅スタンプは旅情あふれる旅の記録となっていく。また同年には絵葉書に押される郵便局の名所スタンプも登場した。はたしてどちらが早かったかは定かではないが、あの世界大恐慌を乗り越え、鉱工業生産高も上昇カーブを描いた大日本帝国の絶頂期でもある1935（昭和10）年頃には空前の（当たり前だ

が）スタンプブームが巻き起こった。鉄道印も郵便印も現地に行かなくては入手できないことから、マニアックなファンが巡礼のように旅をした。もっとも遠隔地の駅や郵便局には、往復郵便でスタンプを要求するマニアもいたという。これに目をつけた銀座のデパートでは、有料の「スタンプ押印会」を開催、押し寄せた客が店外まで並んだという逸話も残るほど。昭和初期、なぜか日本人のスタンプ心に火がついたのだ。

「押し鉄」の七つ道具とは

国鉄時代にはディスカバー・ジャパン以後、「一枚のキップから」（1977［昭和52］年）、「わたしの旅」（1980［昭和55］年）と、全国キャンペーンのたびに統一形式の駅スタンプが作られていく。JR化以後は各旅客鉄道会社が独自に設けたり、また廃止された駅も多くなった。そういえば、1997（平成9）年に登場して今では夏の風物詩になった「ポケモンスタンプラリー」も駅スタンプの変形といえなくもない。ところで、自称〝押し鉄〟の駅スタンプマニアに聞くと「駅で見当たらないときは駅員に聞くと出してくれることが多い、またインク枯れしているときのために、各色のインク台も持参する」という。さらには、インクかすの詰まったスタンプ面を清掃するための専用ブラシも用意している。たかが駅スタンプというなかれ、愛好家にとっ

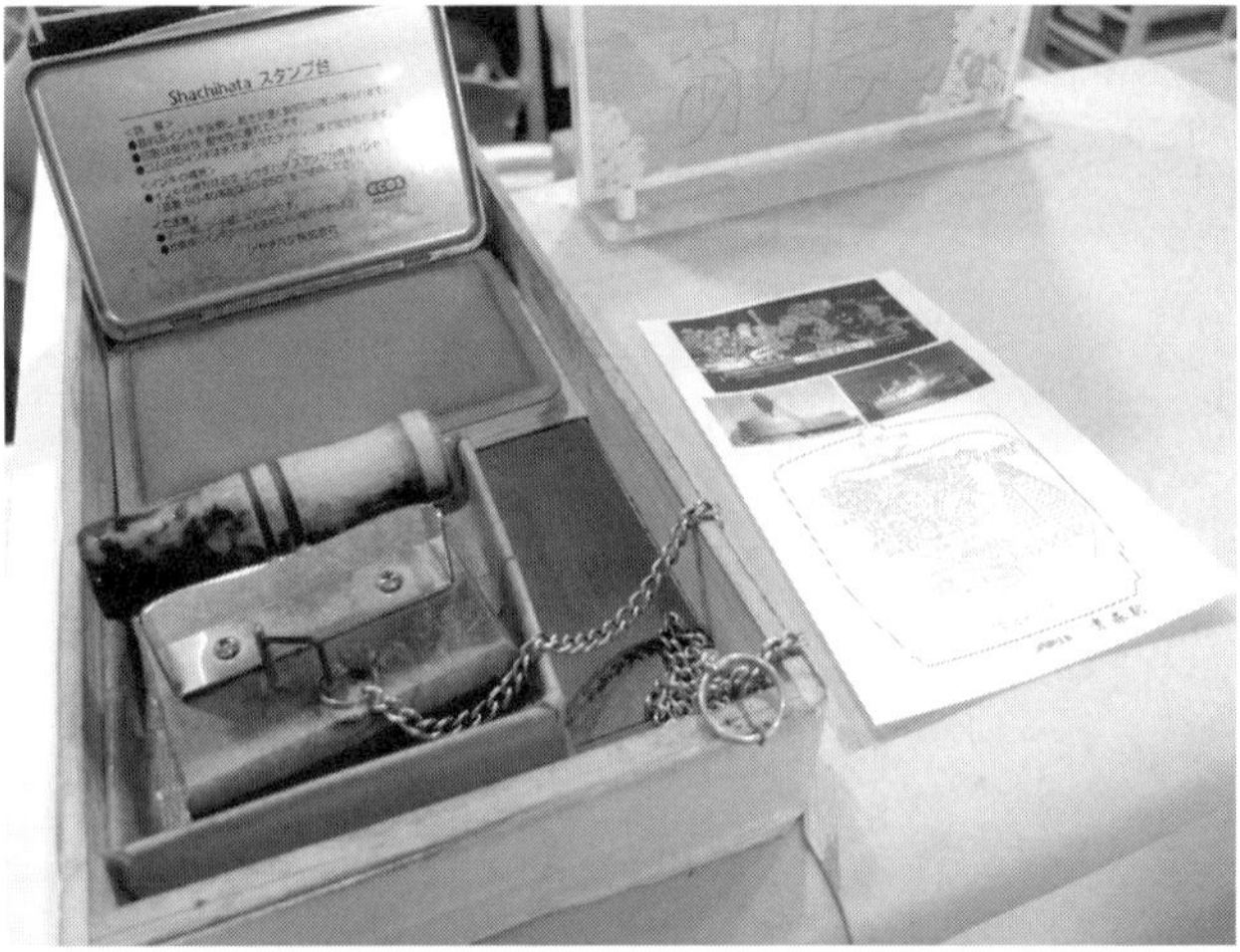

青森駅の駅スタンプは四角いタイプだ

ては神社仏閣の御朱印並みに敬意を込めて押すものなのだ。

ところで、近年ウェブ上で駅スタンプコレクションを発表する好事家が増えたおかげで、あることがわかってきた。同じ駅の同じ絵柄のスタンプでも、押印する時代が異なると摩滅などは別にして、細部が微妙に異なっていることがあるのだ。駅によってはすり減ったスタンプをデザインを踏襲しつつ新調することもあるようだ。そんな駅スタンプを見るにつけ、これほど巨大なゴム印はあまり世間には存在しないと思う。持っている最大のスタンプは上下１００ミリもあった（ＪＲ日南線日南駅）。ちなみに、交通新聞社発行の専用スタンプ帖『わたしの旅 スタンプノート』は１９７１（昭和46）年の登場以来販売され続けている。

鉄道と大船観音

最強のランドマークの知られざる由来

まだ新幹線がなかった頃のこと。東海道本線上りの長距離列車の車窓から大船観音が見えると、乗客たちは下車の支度を始めたという。また会社帰りに眠りこけ、ねぼけまなこに大船観音を見て電車がどこを走っているか知ったサラリーマン諸氏も多いだろう。

かくいう私も、逗子にある高校に通っていたとき「あの観音は、胸の下が土の下に埋まっているんだぞ」という同級生の他愛もない噂を結構信じていた。ちなみにこの観音山のすぐ北側には、大船駅からドリームランドを結んでいたモノレール（ドリーム開発ドリームランド線、1967［昭和42］年運行停止）が通っていて、高校時代、すでに廃線みたいになっていたモノレール軌道をやぶこぎしながら見に行ったことがある。

そんな大船駅の西側の山に鎮座する高さ25メートルの大船観音は、東海道・横須賀線沿線で最強のランドマークだと思う。走る電車からは、ちょうど正面左からその美貌を拝む形になる観音像だが、

「お顔は戦後に修復されたもので、それ以前には未完成の違うお顔があったそうです」と、大船

大船観音へはJR大船駅西口から徒歩10分

観音寺の松山典生監寺《かんす》（当時）が教えてくれた。

もともとこの観音は護国観音として、1929（昭和4）年に立像として起工されたものだったとか。建立地も軍港へ続く横須賀線が東海道本線と分岐する高台で、まさに鉄道を意識した立地だった。

この計画は国士舘大学の創立者のひとり・花田半助が立ち上げたもので、やがて大川周明や遠山満などの賛同を得て募金活動を始めた。そして右翼青年たちが建立予定地に小屋を建ててかがり火を焚き、「ここに観音菩薩を建てて〝大船〟に乗って浄土に渡るのだ」と気勢をあげていた。

しかし観音像はいっこうに姿を現さず、立像も、地盤が悪かったことから胸像に変更されていた。しかし、関係者から犬養首相を暗殺した五・一五事件の逮捕者が出たことや、さらに世界不況による資金不足もあって、ようやくコンクリートの原形が姿を現した1934（昭和9）年に工事が中断された。

「戦後は荒れ果てていたようです。米兵や浮浪者が胴内に集まって、住民から怖がられていたと聞きます」と言う。私も以前、怪老人が大船のコンクリート観音を隠れ家にして明智小五郎に見破られるという、江戸川乱歩の小説『灰色の巨人』を読んだことがある。

数奇な運命をたどった大船のシンボル

あまりにも目立つ未完の観音像を見かねて東急電鉄の五島慶太らが中心になって修復工事が始まり、1960（昭和35）年に現在の姿になって完成した。その際、建築家の坂倉準三（新宿駅西口広場や渋谷駅などを手がけた）や、吉田五十八《いそや》（モダニズムと数寄屋建築を融合させた大家）などの助言をうけ、彫刻家の山本豊市らによって奈良・法華寺の十一面観音像（国宝）を参考にして柔和なお顔にデザインされた。そして護国観音からアジアの安寧を願う平和観音にコンセプトも変更された。しかし、そこは元東條内閣の運輸大臣だった五島慶太だけに、この大船観音の西側に広がる一帯の東急による開発計画も進行していて、ゆくゆくは東急東横線が国鉄根岸線に代わって桜木町から路線を延伸させるプランもあったという。現在、観音裏にある清泉女学院や

急な勾配を上る大船観音参道からは大船駅も見下ろせる

栄光学園は五島慶太により宅地開発の一環として誘致されたものだった。このため、この大船観音は宗教法人ではなく、東急グループの募金によって運営されていた時期もあったという。

ともあれ、街を歩くと「観音食堂」や「観音最中」の看板も見られる大船の街。観音像近くに計画されたマンションも住民がこぞって反対するなど、すっかり街のシンボルになっている大船観音だが、「以前は年間10万人ほど参拝者がありましたが、今は半分に減りました。それでも最近は、観音信仰に篤い東南アジアの方々が多いのも特徴です」と松山監寺。

境内にはアジアの方の名前が書かれた灯籠が立ち並び、毎年9月には「ゆめ観音アジアフェスティバルin大船」も開催されるようになった。「『長年、電車の中から見ていて、初めてお参りに来ました』という方が来られると嬉しいですね」とも監寺は話している。当然ながら、階段を上った観音様の座面から見ると眼下の鉄道がじつによく見える。

帰りに大船駅の窓口でスタンプを押したら、やはり大船観音が描かれていた。

冷凍みかんと鉄道菓子

古みかんを凍らせると甘い

終戦直後の1946（昭和21）年、NHKラジオの放送が静岡県伊東市から行われることになり、作曲家の海沼實《かいぬまみのる》は番組で披露する歌を依頼されていた。彼はできあがっていた歌詞に曲をつけることになったが、その完成が遅れたまま東京駅から中継のある伊東行きの列車に乗っていた。刻々と時が過ぎる中、ちょうど国府津《こうづ》駅近くの前川付近を通りかかったとき、車窓から歌詞そのままのみかん山と海の風景が見えたことから一気にメロディーを完成させたのが、童謡の名曲『みかんの花咲く丘』だった。それから約10年後のこと。昭和の列車旅では欠かすことのできない冷凍みかんがこの国府津から誕生する。

もともとみかんを凍らせるアイデアは戦前から研究されていた。また、神奈川県西部の（西湘地域という）のみかんも、有田や紀州のみかんに比べると熟すのが遅いというハンデがあった。そこで「真夏は果物が少ないので、先代の社長が冬に収穫したみかんを凍らせて夏に売ったらどうかと、魚の冷蔵技術を持っていた大洋漁業（現・マルハニチロ水産）に相談しまして」と、国府津でみかんを扱う青果卸業「井上」の井上誠一社長。しかも、ただ凍らせるのではなく、前年

株式会社井上の冷凍みかん工場

に収穫したみかんを皮が薄くなるまで保存し、それからマイナス25度で冷凍する。そして出荷前に０度の冷水にいったん潜らせ、自身の冷たさで周囲にぱりぱりの氷膜を作る。その氷の膜で出荷後の乾燥を防ぎ、みずみずしい食感を作り出すという高度なノウハウを完成させた。

かくして冷凍みかんは１９５５（昭和30）年に国鉄駅で売り出され、高度経済成長の波に乗って爆発的に売れた。一時は「国鉄の駅売店の年間売り上げをカステラと争った」（井上社長）ほどで、最盛期には国府津から遠く釧路駅まで出荷したという。冷凍みかんは、まさに鉄道が普及させた味覚だった。

ちなみにカステラも、島原出身の中川安五郎が１９００（明治33）年に長崎に文明堂を創業すると、当時全国に延伸していた鉄道沿線に「長崎文明堂のカステラ」という看板を立てて宣伝に努め、のちに全国にのれん分けして〝カステラは長崎〟のイメージを確立。駅売店でも盛んに販売した〝鉄道菓子〟のひとつだった。

ノウハウが必要だった駅での販売

さて、冷凍みかんはなぜか街の商店には売っていなかった。あくまで鉄道駅の売店、しかも長距離列車のホームでしか入手できないあこがれの氷菓だった。それというのも冷凍庫から出荷して、駅で販売するには微妙なタイミング調整が必要だったからだ。このため長距離列車が発着するターミナル駅には冷凍みかん専用の冷凍庫を置いて、キヨスクの前身・鉄道弘済会の売店横には専門の販売員も配置していた。氷結したみかんが溶けて食べ頃になるまで時間がかかったからだ。

そんな夏の鉄道旅行の定番だった冷凍みかん。出荷のピークは1970(昭和45)年だったという。その少し前、夏休みの家族旅行で湯田中(長野電鉄)行きの急行「志賀」に乗ったとき、始発の上野駅で買った冷凍みかんがいい感じに溶けてきたのが熊谷駅を過ぎた頃だった。不器用に皮をむしり、灼熱の列車(もちろん冷房なんてなかった)の中で食べた冷凍みかんの冷たい甘さは、わが貧しき少年時代に食った最上のデザートとして記憶に残っている。

かつては駅売店横に冷凍みかん専用冷凍庫があり、専門販売員も置いていた（写真は1970［昭和45］年頃。株式会社井上提供）

そんな冷凍みかんも冷房車の普及や新幹線の登場で、悠長に溶けるのを待つ余裕がなくなってしまった。その後は生産も減少し、学校給食用に細々と作っているだけだった。これに追い打ちをかけたのが東日本大震災だった。あの原発事故の際に、放射能汚染被害に遭ったあしがら茶の栽培地に、西湘地域のみかん山が隣接していたことから風評被害をモロに受け（現在は放射線不検出）、頼みの学校給食も中止され、発祥地である神奈川の冷凍みかんは絶滅状態になってしまった。

ともあれ冷凍みかんが美味しいのは、長距離を走る非冷房の列車。これを今どき探すのは、冷凍みかん以上に難しくなっている。

駅そば

やはり信州が元祖だった

初めて食べた駅そばは高校時代。「そば食わせてやる」と級友に連れて行かれたのが京浜逗子駅（現・京急線新逗子駅）の駅そばだった。それは街のそば屋とは違い、ダシの濃いパワフルで野蛮なそばだった。しかも、どんぶりを持って立って食うというのにも驚かされた。

以来、駅そばを食べ続けて数十年。これだけ食べればかなりの駅そば通になってしかるべきだが「みんなそのくらい食っている」という現実がある。何十年食べ続けても自慢にもならない駅そばは、もはや国民食なのだ。

駅そばの発祥は明治30年代の軽井沢駅だといわれている。1893（明治26）年に信越線横川～軽井沢間のアプト式区間が開通した。軽井沢駅でアプト専用機関車に付け替える停車時間を目当てに、信州そばの店が開店したという。やがて全国の長距離列車が停車する駅に、そば屋やうどん屋が置かれるようになった。さらに昭和30年代の高度経済成長期には、大都市圏の駅に一気に広まった。ゆでて、ツユを合わせるだけで完成するそばやうどんは、鉄道駅と相性のいいファストフードだったのだ。

青森駅ホームの駅そば（『そば処八甲田』）

また鉄道建設に功のあった者に構内営業権を与えたので、多くの関係者が駅弁屋やそば屋を開いた。品川駅で駅そばを経営する常盤軒は、明治政府に鉄道建設を建白した小松帯刀《たてわき》（薩摩藩）に報いる形で子孫に営業権が与えられたのが始まりになっている。

そんな駅そばだが、熱湯でゆでたそばを熱いツユの中に入れて食べる「かけそば」が基本だ。そばの歴史をさかのぼると、日本ではすでに縄文時代から栽培されていたようだ。ただ硬いそばの実は食べにくかったために、なかなか主食にはならなかった。それが鎌倉時代になって中国から碾き臼が伝来すると大量の製粉が可能になって、室町から戦国時代になると小麦などとともに粉ものが普及していく。もっともこの頃は、いわゆるざるそば系の「そばきり」で、徳川時代になって江戸っ子の忙しい職人がそばきりに汁をかけて食べるようになったところから「かけそば」の誕生を見た。やがて江戸の下町を流す屋台の夜鳴きそばは、落語に登場するほどの人気になっていく。

関西では後発の駅そば

このように、「かけそば」は江戸発祥という日本料理の中では珍しい系譜のせいか、上方ではうどんに押されている感があり、関西での立ち食い系駅そばは１９６７（昭和42）年に阪急電鉄十《じゅう》三《そう》駅ホームに開店した『阪急そば』が最初とされている。そんなわけで関西の鉄道駅での立ち食いそばは新興勢力だったため既存店がなく、鉄道会社系列の店によって浸透していった。このため『南海そば』『山陽そば』といった鉄道ファンには気になる屋号が目立っている。逆に関東では最近の鉄道会社のエキナカ営業重視の流れから、古くからの立ち食いそば屋が駅構内から追い出されて会社系列の店に置き換わるケースが多く、私も含めてそばマニアを嘆かせている。余談だが２０１２（平成24）年に愛称を「さぬき高松うどん駅」としたＪＲ高松駅だが、駅ビルの中で信州そば屋（立ち食い系ではない）がちゃんと営業している。完全アウェイで食べるそばの味はいかばかりか。また、旧知の香川県在住のカメラマンに聞くと、「四国では、駅構内の立ち食い系でそばが食べられるのは松山駅の『かけはし』だけ」とか。我こそはと思うそばマニアは一度試

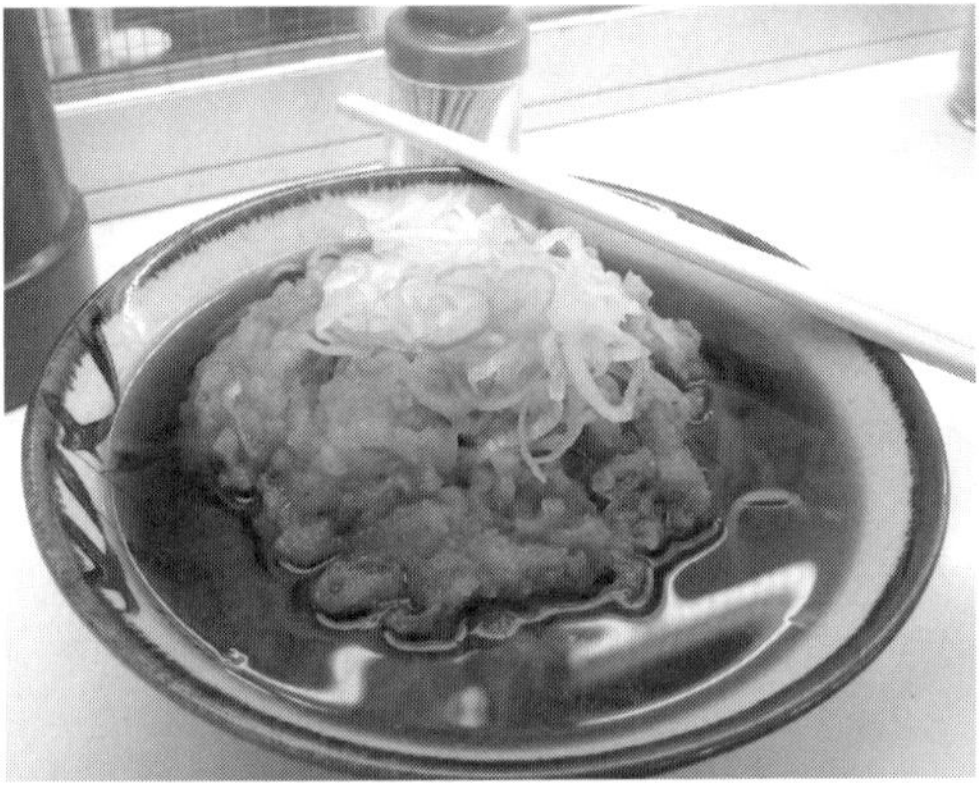

JR小山駅の駅そば。ツユが黒い

していただきたい。ともあれ、そんな駅そばは地域や店舗によっての違いも大きく、関東と関西のダシの違いなどは社会科学的なテーマにもなった感がある。

旅の途中に寄った駅そばの味が違うと感じたとき、それが豊かな旅情になるのだ。

ちなみに私の印象に残った駅そばは、秩父鉄道寄《より》居《い》駅の『秩父そば』。ホームの狭い店内でチリチリと天ぷらを揚げている。岳南鉄道岳南原田駅の『めん太郎』では桜海老天そばを木造駅舎で食べるのが好み。また旧十和田観光電鉄三沢駅の『駅そばコーナー』は古く渋く昭和の日本映画のよう。うまいまずいを超えて、駅そばは店の姿も味のうちだと思う。

木造駅舎と駅の呼び方

時代を超えてきた駅舎の魅力

「駅」という漢字には「馬」が入っているように、古来、街道における馬替えの中継地の意味をもっていた（駅の音読みはエキだが、訓読みではウマヤという）。

明治になって鉄道が登場すると、列車が止まるところは「停車場」と命名されたが、一般からはすでに「駅」と呼ばれていた。江戸時代から宿場は宿駅《しゅくえき》とも呼ばれ、鉄道が現れても列車に乗降するところは自然に「駅」となったのである。「駅」と「停車場」の混在する呼び方は案外長く続き、1921（大正10）年の「國有鐵道建設規程」で晴れて「駅」という字が認められたのだ。

さて、今回は木造駅舎のお話。一般に古い木造駅舎はみんな似ている。特段の観光地でもない中間駅には、乗降客数に応じて小規模駅舎の標準設計図が制定され、1898（明治31）年の「鉄道工事設計参考図面―停車場之図」や1930（昭和5）年の「小停車場本屋標準圖」などに準じて、ぽんぽんと建てられていった。鉄道は宿命的にマスプロなのである。

その駅舎の内部は大きく分けて待合室と駅務室があり、駅務室の奥に畳敷きの休憩室と土間の台所があった。最小単位の「一号駅舎」（1918［大正7］年制定）で、床面積は51・2平方メ

二號型

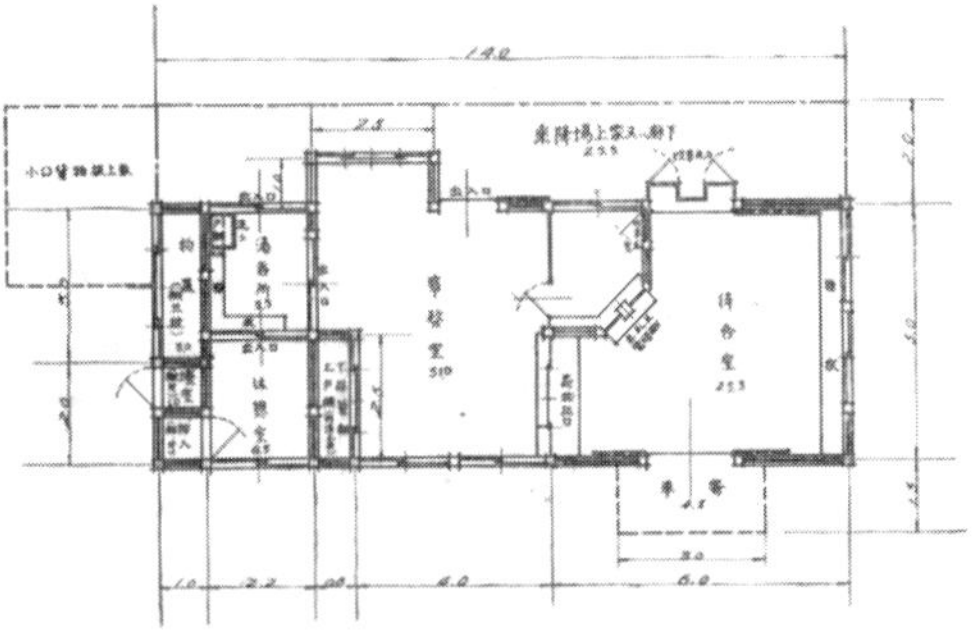

1930（昭和５）年の小停車場本屋標準圖（二號型）

ートル。このような民家サイズの駅でも昭和30年代までは駅長以下、交代要員も含めると6～7人の駅職員が働いていた。

かつての駅は、旅客だけではなく小荷物や貨物も扱っており、たいていの場合、町でいちばん忙しい場所だったのだ。しかし駅舎は戦後になって滞在型の木造駅舎から、コンクリート造りの流動型駅舎へと変わっていく、端的にいえばベンチが減った。

旅人が発見した名駅舎

かくして郷愁を呼ぶ、古くて小さな有人木造駅舎は合理化の進んだＪＲ線からはかなり消えた。しかし、ローカル私鉄にはまだ鉄道全盛期を思わせる有人駅が残り、クラシックな駅の風景を見せている。小湊鐵道（千葉県）、秩父鉄道（埼玉県）、富士急行（山梨県）などは、いい感じの有人駅が多い。そんな鉄道を旅して、古びた中にも整理整頓された事務室をのぞき見るのも楽しい。ちなみに、戦前

今や特急も停車する観光地となったJR肥薩線嘉例川駅は、1903（明治36）年開業

に建てられた木造駅舎を見分けるポイントは、トイレの位置だ。かつての木造駅舎では、衛生上トイレは別棟で設けられていた。これが駅舎本屋と合体するのは、建築技術が進んで、臭いなどの対策ができるようになった昭和30年代からである。

一般的に、この昭和30年代から新築での木造駅舎は急速に減る。鉄骨フレームや石膏ボードなどの「新建材」が普及してきて、防音性や耐久性、そして密閉性が飛躍的に高まったからだ。そして国鉄末期になると駅の無人化が徹底し、古い駅舎の荒廃が進んだ。すでに駅舎を木造する意味も余裕もなくなったのだ。このあたりが日本の鉄道駅舎にとっては一種の暗黒時代で、ＪＲ化されてしばらくの間は改築も改修も、さらには駅舎のカラーリングも場当たり的なものが多かった。

ところが、その頃から駅舎を愛でる鉄道趣味が細々と現れてくる。皮肉なことに、ローカル線の列車ダイヤが絶望的なほど間引かれ、乗り鉄が困難になると、クルマを使った鉄道巡りが一般化してくる。そこで人々が「駅舎」を発見したのだ。

今では特急も停車する肥薩線嘉例川《かれいがわ》駅などは、観光的にはゼロに近い立地の古びた駅舎を国鉄OBたちが守り続け、これを旅人が見つけて有名になった。若桜《わかさ》鉄道隼《はやぶさ》駅は、同名のバイク（カワサキ製）に乗るライダーたちが旅情あふれる駅舎を発掘した。いるだけで癒やされるような無名の木造駅舎は、まだまだ全国に残っている。

大樹林帯を造った鉄道建設

今もこれが最良の防雪対策

1891（明治24）年9月、日本鉄道によって東北本線の上野〜青森間が全通した。しかし、早くもその冬には、頻発する地吹雪で軒並み列車が立ち往生する事態が続出した。さらに雪に乗り上げて脱線する列車もあり、連日、除雪のために支払う人夫の経費もかさんでいく。厳冬期に走る列車には、万一に備えて乗客分の干し飯や酒まで積んでいたという。当時、冬の北日本の旅はスペクタクルだったのだ。このため応急的に地吹雪が頻発するところに木塀や雪囲いを設けたが、風に倒されたり蒸気機関車の火の粉で火災が頻発しモノにならなかった。ちなみに、地吹雪とは降り積もった雪が強風によって地上を移動する現象で、築堤などの突起があるとすぐに大きな雪溜まりを作ってしまう。

そこで、日本鉄道の重役だった渋沢栄一は、ドイツ林学を学んで帰国したばかりの本多静六（1866〜1952年）に線路の防雪策を命じる。本多は渋沢栄一とは同郷の埼玉出身の秀才で、若い頃からなにかと面倒を見てもらっていたことから、当時世界最先端の林学とカナダなどで見た鉄道林の有効性を渋沢に説いたのだった。森林による鉄道線路の防護は1886年に大陸横断列車を走らせたカナダの「パシフィック鉄道」がその始まりとされ、ヨーロッパアルプス周辺の鉄道線路にも普及していった。しかし、日本の鉄道を取りまく自然は世界屈指の厳しさで、たとえばひと晩に1メートルも積もる新潟の豪雪など、地球上でもまれな現象が毎年起きたりする。本多静六は、学んだばかりのドイツ林学をひっさげてこの難敵に挑んだ。そのドイツ林学とは、現在から将来にわたって永続的に一定量の材木を収穫できるように、徹底して森林を管理する「法正林《ほうせいりん》」という方式だった。まず森林の区間を策定し、林道を建設して計画地を一斉皆伐して、同種の樹木をまとめて植える人工林の思想だ。これは国鉄鉄道林ばかりではなく、日本の国有林経営にも大きな影響を与えた。

不可能を可能にした泥炭地の植林

さて、本多が提唱した森林による鉄道の防護とは、雪を運ぶ風を樹林帯で吸収し、線路を吹き溜まりから守るという仕組みだ。時に本多静六26歳。彼は1893（明治26）年に東北本線水沢〜小湊間に38カ所の吹雪防止林を造成する。本多が考案した鉄道林は、スタートはカラマツやニセアカシアなどの生育の早い落葉樹を植え、その樹林帯の中央にスギやヒバなどの防雪効果の高い常緑針葉樹の樹林帯を設けた。そして樹齢の7割ほどで伐採し生産材として販売、その収入を

野辺地駅構内の防雪林は鉄道記念物に指定されていた

鉄道林の保全費用に充てた。さすが永続を旨とするドイツ林学である。

やがて鉄道林は地吹雪だけではなく、雪崩や土砂崩壊の防止、海岸部での飛砂や強風対策などでめざましい効果を発揮して、日本の鉄道になくてはならない設備となっていく。

本多静六は鉄道林によって線路を守ったばかりではなく、東京都の水源地でもある多摩川上流の森林復元や国立公園の設置、日比谷公園や明治神宮の森林造営、さらには全国の都市公園の設計や関東大震災の復興案策定などでスーパーマンぶりを発揮する。現在も野辺地駅に隣接して、本多静六が最初に植えた「野辺地2号林」が鉄道記念物に指定され見事な美林となっている。

昭和40年代まで、そんな鉄道林の材木で駅舎の建築

JR宗谷本線の鉄道防雪林創出のための土壌改良に命を賭した深川冬至の鎮魂碑

や枕木がまかなわれていたという。国鉄は営林区という鉄道林専門組織をおいて営々と森を守ってきた。

さらに北海道などでは、本来樹木が育たない泥炭地帯に線路が延びているため、網の目のように排水溝を掘って泥炭地の水位を下げるなど、血のにじむような土壌改良をした。かつて専門家が植林など不可能としたJR宗谷本線の和寒《わっさむ》～士別《しべつ》間には、約１００キロにおよぶ見事な防雪鉄道林が今も機能している。このように東北・北海道などでは、鉄道とともに鉄道林も植えられていった。

考えてみると、時刻表や鉄道雑誌を飾る鉄道写真の背景には毎号、必ずといっていいほど鉄道林が美しい風景をつくりだしている。そんな鉄道林がどれほど車窓風景に寄与したことか。

かつて、十勝地方の廃線跡を探したとき、残された鉄道林が線路の跡を守り続けていた。

小湊鐵道で軌道バイク

野趣あふれる運転体験で鉄道を実感

その昔、小湊鐵道の保線区でひとりの男が考えた。

「軌道自転車にオレの古バイクを載せてみようかな」

鉄道は機械を使う商売だからさまざまな工具がある。さっそく、廃車寸前の足こぎ式軌道自転車に車輪をはずしたオートバイを載せ、駆動用チェーンを車軸に接続する。

これが思いのほかうまくいった。線路を快調に走る上に、5トンぐらいまでの荷物やトロッコまでけん引できる。トロッコファンの間で知られる小湊鐵道軌道バイクの誕生である。

「それからもう5台作りました、現在は小湊鐵道の2つの保線区に2台ずつ配備しています」と鉄道部の黒川雄次さん。バイクは125ccのホンダやスズキの商用バイクで「中古を買ってきたり沿線の人から貰ったりして」調達するという。JRなどで使われるモーターカーは最初からエンジンがビルトインされた完成品だが、ここのものはあくまで手作りのスペシャルバージョンだ。

その分、走る姿は線路の上のライダー風でカッコいい。

小湊鐵道ではゴールデンウィークと秋の紅葉シーズンに、この軌道バイクの試乗会を開いてい

小湊鐵道ではゴールデンウィークと秋の紅葉シーズンに軌道バイクの試乗会を開いている

る。会場は養老渓谷駅構内の１５０メートルほどの側線で、営業運転しているキハ２００のすぐ脇をバタバタと走り抜けてゆく。運転は保線区員が担当して、希望すると30分ほど運転講習を受けてから単独運転もできる。

線路の上の房総ライダー

高校時代、友達のカブを無免許運転してドブにハマったのが唯一のバイク体験という単車音痴のぼくもトロッコ運転講習を受けた。またがるのはホンダＣＢ１２５を黄色く塗った軌道バイク。

「ちょっとエンジンをふかしてクラッチをつなぐ。あとは2段3段とシフトアップして加速。ブレーキはクラッチを切ってから」。なるほどなるほど。

久しぶりのロータリークラッチにとまどいなが

もともとオートバイの軌道バイクはバックギアがないため、軌道バイクを反対向きに２台連結して片方をけん引する

ら、ガチャンとクラッチをつないでエンジンを思い切りバババとふかす。でも走らん⁉

「ふかしすぎて空転してる」と指摘される。

もう一度タイミングをはかって左手のクラッチレバーを離すと、軌道バイクはごろごろと進み始めた。歩くほどの速度でもレールの上では実に速く感じる。それ以上にレールと鉄輪の金属同士が噛み合う硬質な振動が、まぎれもない鉄道車両を感じさせる。

「スピードは出しても時速20キロがいいとこ」という軌道バイク。とはいっても、初夏の風を切って快調に飛ばす、隣に停車中の本物の鉄道車両キハ200の窓からみんなが眺めている。しかし150メートルの構内線だけにすぐ終点だ。ちょっとあわててブレーキを踏む。

ところが、いくら踏んでも慣性でごろごろと進んでしまう。クルマのような倍力装置がないので足の力を倍にして踏みつけてトロッコを止める、ふうー。

さて、軌道バイクはもとがオートバイなのでバックギアはない。このため反対同士に軌道バイクを2台連結して、片方をけん引する仕組みだ。復路は今まで引っ張ってきた反対向きのバイクにまたがる。こちらは真っ黒なスズキのコレダ号。操作法は同じだが、ブレーキの利きはもう一段鈍い。踏んでも踏んでもという感じ。軌道バイクは一台一台違うのだ。

「鉄道車両というものは、走るより止めるほうが大変」という保線区員の言葉に納得する。

現在、エンジンつき乗用軌道トロッコは鉄道事業者向けに市販されているが、価格はざっと90万円もするという。もっと大型のモーターカーになると、ほとんど小型ディーゼル機関車並みのサイズだ。房総丘陵を貫く小湊鐵道サイズの鉄道だと、こんなハンドメイドの軌道バイクがちょうどいいのだろう。

小湊鐵道は近年、養老渓谷～上総中野間が土砂崩れで不通だったことがある。そんなときは「軌道バイクで線路に積もった土砂を運ぶ」という。

バイクも台車も40年以上経た老体だが、そのいかつい姿は伊達ではないのだ。

アタマの上には水がある⁉

カッパも喜ぶ関西名物「天井川」

JR東海道本線の大阪方面行き電車に乗って、草津駅を出たところにトンネルがある。JR奈良線でも玉水駅のあたりに小トンネルが連続している。近鉄京都線の興戸《こうど》駅や、JR片町線も同志社前駅のところに小さなトンネルが……。

この小さなトンネルの上にあるのは、川である。「天井川《てんじょうがわ》」と呼ばれるこの地形、関西の人間にとって「天井川？ そういえば奈良のあたりにおますなあ」というぐらい当たり前の風景だ。しかし世界的に見ると、とんでもなく異常な地形なのである。だいたい、低いところを流れるはずの川の水が、どうして高いところを流れるのか？ 関西の水は高いところが好きなのか？

その天井川発生の理由は、はるか律令時代にまでさかのぼる。

もともと近畿地方の山々は花崗岩質の崩れやすい地質が多い。その岩の上に木が茂っていたので、一度はげ山になると再生は難しい。ところが6世紀頃仏教が伝来し、仏教の巨大寺院が造られ始めると、山から建築用に大量の木を切ってしまった。さらに追い打ちをかけたのが大仏建立だった。そう、東大寺の奈良の大仏である。高さ15メートル、重量252トンの巨大仏像を鋳造

近鉄京都線興戸駅にある、防賀（ぼうが）川の下を潜るトンネル

するため、奈良周辺の樹木はほとんど燃料になってしまった。そのはげ山から崩れた土砂が川に流れ込み、下流で沈澱する。普通は川が勝手に蛇行して土砂をまき散らすのだが、歴史が古い近畿地方のこと。当時から条里制があった。「班田収受法」（歴史の時間に習いましたなあ）で人々に田んぼが配られた。

これで田んぼを四角に区切って川の流れも固定したのである。山から流れてきた土砂は同じところに積もり、しだいに川床はせりあがる。土地の人は「あぶない！」と堤防を築く。これを繰り返していくうちに川がせりあがり、ついに家の屋根より高くなる。こうして天井川になってしまったのだ。

小田原にもあった、梅林の天井川

明治になって近畿地方に鉄道が延びていくとき、行

JR御殿場線下曽我〜上大井間は、砂留田川の下を通る

く手に次々と現れる天井川に手を焼いた。崩すと洪水になるし、上を越えるのは大変だ。しかたなく川の下にトンネルを掘った。こうして関西名物・天井川トンネルができたのだ。１８７１（明治４）年、大阪〜神戸間の鉄道建設で掘られた芦屋川、住吉川、そして石屋川（いずれも現在は高架化でトンネルではなくなっている）の天井川トンネルは、日本初の鉄道トンネルとして鉄道史に名前を残している。

そのような天井川は関西地方だけのものと思っていたら、あるとき偶然にも関東地方で見つけてしまった。

毎年２月になると、小田原平野の東側では広大な梅園が花をつける。そんな梅と富士山を愛でに、下曽我駅から線路に沿ってＪＲ御殿場線を歩いていくと、やがて地味な跨線橋が見えてきた。周囲は春爛漫。「きっと死んだら、こんなところに行くんだろうなあ」と冗談を言いながら跨線橋の築堤を登ると、ややっ、水が流れているではないか。

いちおう御殿場線のオーバークロス部分はコンクリートでできているが、橋の前後はあきらかに築堤上の川が続いている。水の流れは農業用水レベルだが、東側にはみかん山が屏風のように続いている。近所の老人に尋ねると、「ここは砂留田川《さるた》といって昔からあった。子供のときは蒸気機関車が走ってくると、わざと橋の上にのぼって煙を浴びて叱られた」と話す。

このみかん山の斜面こそ活断層、国府津―松田断層そのものであることを後日知った。砂留田川の源流からわずか1キロほどで標高差80メートルほどもある急流だったのだ。岩が風化しやすい断層崖と急流のセットで川床が上昇したようで、「あそこは天井川のようですね」と地形図の専門家、今尾恵介さんも話していた。実際に御殿場線を横切る下曽我～上大井間の小河川は、いずれもマウンド状にせり上がり、いずれは天井川に成長する構えを見せている。

ところで関東大震災の記録写真を見ると、この砂留田川の部分は複線線路（現在は単線）を越える見事なアーチ橋になっていた。

世界最長のストレート

浮世離れの476キロ直線列車搭乗記

日本の鉄道直線区間で一番長いのは、JR室蘭本線白老〜沼ノ端間の28・7キロという。首都圏ではJR中央線の中野〜立川間の22・8キロもよく知られた直線区間だ。逆にいえば日本列島の地理的概念として、まっすぐに30キロ行くと山とか海にぶち当たるのだ。これは時速300キロの新幹線だと、たった6分で走ってしまう。さて、オーストラリアで世界最長の直線距離476キロを走る列車に乗った。

列車名は「インディアン・パシフィック」というから、直訳すると「インド洋太平洋号」とでもいうべきか、つまりオーストラリア大陸を東西に横断する列車なのだ。しかも、車中で3泊4日も過ごす寝台列車で、シドニー発パース行きの場合、3日目にやってくるのがその全長476キロの直線区間なのだ。

大陸横断列車「インディアン・パシフィック」はシドニーのセントラルステーション2・3番線から発車する。これよりオーストラリア西岸のパースまで片道4352キロ、3泊4日という長丁場の旅が始まる。ところで発車ホームを2・3番線と書いたが、列車は機関車も含めて24両

オーストラリアの豪華寝台列車「インディアン・パシフィック」で世界最長の直線区間476キロを乗車する

連結の長大編成のためホームに収まりきらず、２分割してホーム両側に入線している。全長は５６７メートル、さすがに大陸の列車は長い。編成は１人用・２人用寝台個室やカジュアルな座席車が連結されている。これにダイニングカー（食堂車）とラウンジカー、さらにはスタッフカーや電源車、乗客のクルマを運ぶキャリアカーまで連結された列車は、さながら大名行列のようだ。

シドニーを出た列車は２日目のアデレードで乗員と車両を交換。ここから北部のダーウィンまで走る大陸縦貫列車「ザ・ガン」も有名だ。そして３日目の朝を迎えた。

大陸とは、ひたすら殺風景なところなり

列車は茫漠とした平原にいた。見えるものは、果てしないソルトブッシュの茂みと真っ平らな地平線だけだ。「ここがナラボー平原」と車内放送が告げる。「ナラボー」

とはラテン語で「木がない」という意味だ。そんな樹木も茂らぬ大地が、最大1200キロもの幅でオーストラリア大陸を分断している。午前8時過ぎ、車内放送で世界最長の直線区間に入ったことを知った。

これより、天地を隔てる地平線のただ一点を目指してナラボー平原をひた走るのだ。

空調の効いたダイニングカーで朝食を味わいながら、この鉄道の建設時代を想う。1917年、荷馬車とラクダにツルハシとスコップを積んだ男たちが、5年の歳月をかけて大平原に線路を建設したのだ。それ以前のオーストラリアでは、西部のパースと東部のシドニー・メルボルン周辺とは海路によって連絡していたが、荒海で知られるグレート・オーストラリア海の横断やインド洋で勢力を伸ばしていたドイツ海軍への対策もあって、陸路での連絡が急がれたのだ。わざわざ無人の内陸に線路を建設したのは、海上からの攻撃を恐れたのだろうか。

そして、初めてオーストラリアの東西が鉄路でつながった場所には、第6代オーストラリア首相・クックの名がつけられた。そのクックで給油のために停車する。原野の停車場に降り立つと、アウトバック（内陸）から吹く乾燥した風と、容赦ないハエの群れに襲われた。かつて、蒸気機関車の時代は給水基地だったというクック、当時はナラボー平原を走破するため積み荷の半分は機関車が消費する水だったという。

樹木も茂らぬナラボー平原を、ただひたすら真っ直ぐひた走る

時刻はここで30分繰り上がる。そして25分ほど走ると州境を越えた。いよいよ西オーストラリア州時間だ。朝からほとんど変わらぬ車窓を見る。手前は速く、遠くはゆっくりと通り過ぎる世界一の直線区間。ときどきアウトバックを旅するキャンピングカーが現れるだけ、壮大な単調さは落日までいささかも変わらなかった。

約11時間かかって直線区間を走り終わると、すでに夜空に南半球の星座がまたたいていた。「あれがサザンクロス」と言われてもよくわからなかったが、ここから宇宙まで空間が続いているのが実感できる透明感だ。そういえば、日本の小惑星探査機「はやぶさ」が帰還したのもナラボー平原だったことを思い出した。宇宙ロケットと比べると、まるでほふく前進するような列車の旅だが、食っちゃ寝していただけなのに大仕事をなし遂げたような充実感を感じながら終着パース東駅に到着した。この「インディアン・パシフィック」は、個室&食事つきの豪華列車で知られているが、バックパッカー向けに廉価の座席車も連結されている。コストを抑えて大平原と体力勝負を試みるのも面白いだろう。

フロム鉄道

フィヨルドをよじ登る圧巻の線路

「氷の重さで沈んだ土地が、バネのように元に戻っている」。オスロのある博物館の学芸員がこう話した。スカンジナビア半島は氷河期が終わると氷は氷河となって流れ出し、そのべらぼうな重量で大地を削っていった。しかも〝重し〟がとれて隆起した大地は標高1000メートルにも達した。大峡谷、フィヨルドの誕生である。

1905年にスウェーデンから独立を果たしたノルウェーは、4年後に首都オスロから北海沿岸のベルゲンまで高原を越えるベルゲン鉄道を開通させた。ベルゲン鉄道が開通すると、ノルウェー西部にあるソグネ・フィヨルドの最奥にある街フロムが沸き立った。「連絡鉄道を造るべし」。フロムはベルゲン鉄道沿線に最も近いフィヨルドの街だったからだ。フロムからベルゲン鉄道までの距離は約20キロ、逆に外洋までは150キロも離れている。しかし、港とベルゲン鉄道の間には氷河が造り出した落差1000メートルもの大絶壁が立ちはだかっていたのだ。

1923年、鉄道工事は急カーブが続く危険な郵便道路に沿って始まった。

かつて探検家フリチョフ・ナンセンが〝狭くて暗い恐怖の谷底〟と回想したフロム渓谷には、

標高2メートルからミュルダールの標高866メートルまでを一気に駆け上がる登山列車

スカンジナビアの現場を流れ歩く「ラッラル」と呼ばれる荒くれの鉄道建設労働者が集まった。

彼らは赤いバンダナを巻き、噛みタバコを口にしながら手作業で山を削りトロッコを押した。難工事の末にフロムとベルゲン鉄道の接続駅ミュルダールまで開通したのが1940年。

ノルウェーにとって歴史的偉業だったフロム鉄道の開業は、第二次大戦中のナチスドイツ占領下のことだった。ドイツ海軍にとっては、北海に面したフィヨルドは強力なイギリス艦隊に対して格好の隠れ家を提供していた。そのフィヨルドと幹線鉄道との連絡は戦略上も急がれたのだ。初めは蒸気機関車で運転され、やがて強力な電気機関車が導入されたフロム鉄道は、全長20・2キロで標高差863・2メートルを登る。全体の8割が25

パーミル以上、最大勾配55パーミル、最小カーブ半径130メートルという限界に挑むような鉄道だ。フィヨルドに挑んだレールは、歴史を刻むように登っていく。

水力発電で自活する力持ち機関車

北欧では最も人気の山岳路線フロム鉄道だが、標高2メートルのフロム駅前からは鏡のようなソグネ・フィヨルドが続いている。日本の感覚だとどう見ても湖だが、桟橋にはしっかりイソギンチャクがくっついていた。やはりここは間違いなく海だ。

鉄道のルートは、渚からフロム渓谷をひたすら登る圧倒的な片勾配路線。その最高勾配55パーミルを登る動力は、いかついドイツ・ヘンシェル製のEl-17形電気機関車だ。搭載する4モーター合計3000キロワットで4900馬力を出す。これは日本のEF65よりも強力だ。しかも客車はたった3両、パワー的には相当な〝豪華列車〟である。発車前に運転室を見せてもらうと運転席は日本と逆の右側だった。ノルウェーの鉄道は右側通行だからだ。

午前11時30分、ミュルダール行き列車がホイッスルとともに発車した。客車は古いが標準軌の鉄道らしくゆったりとしている。シートの座面は昔の映画館のようなスプリング式で、座らないと跳ね上がってしまうのも面白い。途中の無人駅もみなこぎれいな木造で、絵はがきのように美

発車前に運転室を見せてもらうと、運転席は日本と逆の右側だった

しいフロム渓谷の村によく馴染んでいる。さすがに先進国の鉄道だ。

やがてラッラルたちのノミ跡が残る切り通しを抜け、たて続けにトンネルをくぐると滝の真ん前に出た。落下する滝からしぶきがかかるようなショースフォッセン駅だ。列車はしばし観光停車する。フロム鉄道は、この標高669メートルの駅に水力発電所を置いて電力を賄っているという。

すでに谷の胸突き八丁にさしかかった鉄道は、その先にまたスペクタクルが待っていた。トンネル内で180度ターンして谷の対岸に出ると、いま登った線路が絶壁のケモノ道のように見えた。下は奈落の谷底だ。しかしすぐに風景は一転、なだらかな高原のリゾート地帯になった。

ついに列車は隆起台地に達したのだ。車窓からべルゲン鉄道に接続する標高866メートルのミュルダール駅が見えた。始発から約40分、ここまで来ると、フィヨルドの渚と山上の二重世界を結ぶフロム鉄道の終着は近い。軌道系交通にとっては最も苦手とする地形を越えたとき、その褒美として大絶景をプレゼントしてくれる、フロム鉄道はそんな路線だった。

ハワイ楽園鉄道の残照

実は廃線跡だらけの島々

かつてハワイは鉄道の島だった。サトウキビ農場にはナロー軌道が縦横に延び、さらに民営鉄道も次々に開業し、アメリカ本土から多数の蒸気機関車が送られた。もとより19世紀までハワイは独立王国だった。しかし膨張するアメリカにとって、ハワイは重要な島々になっていく。最初は捕鯨船基地として、やがてサトウキビ栽培の適地として白人たちはハワイを牛耳っていった。

１８８１（明治14）年３月10日深夜、日本訪問中のハワイ国王カラカウアは密かに明治天皇を訪ねる。そこで王が切り出したのが、姪の「カイウラニ王女と山階宮定麿《やましなのみやさだまろ》王との婚儀」だった。同じ有色人種国家の日本と同盟を結ぶことで、白人からハワイを奪還しようと考えたのだ。しかし当時の日本はアメリカを敵に回すことはできず、丁重に謝絶。代わりに王から要請があった日本人移民を送る条約を結ぶ。この時期がハワイ日系移民の始まりだった。

１８９３年、ハワイ王朝滅亡。以後、最大で人口の４割に達する日系移民をそのままに、アメリカ支配のサトウキビの島となった。ハワイの鉄道資料をめくると、日系人の名前が多く登場する。歴史のかなた、貿易風吹く島々で日本人たちが枕木をかつぎ、列車を走らせていたのだった。

王朝滅亡の悲劇を見た農園鉄道

オアフ島の鉄道の歴史は1865年のハワイ王国時代、船員だったベンジャミン・フランクリン・ディリングハム（1844〜1918年）という男が、寄港地のオアフ島で馬から落ちて足を骨折したことから始まる。治療のためにディリングハムは、しかたなくハワイに滞在することとなる。

この頃、すでに白人たちはハワイ全土の4分の3の土地を取得し、サトウキビのプランテーションを展開していた。アメリカ本土では南北戦争後の人口増加で砂糖価格が暴騰していた。キューバとハワイがアメリカ砂糖商人たちの王道楽土となりつつあったのである。才気あるディリングハムは、この様子を目の当たりにしてハワイに住むことを決意する。はじめは砂糖商人を相手に小さな商店で小金をため、数年でひとかどの実業家に成り上がった。まるで灰神楽が立つようなハワイの変貌期にいたディリングハムはオアフ島の広大な内陸部に目をつける。彼はハワイ立法府に3フィートゲージの軽便鉄道建設を申請し、1886年に鉄道特許を得ることに成功する。

すでにこの頃、白人勢力は軍備を持たなかったハワイ王朝を意のままにしていたのだ。

1889年11月16日のカラカウア王誕生日、ディリングハムの鉄道は最初の9マイルが開業す

オアフ鉄道エワの構内にはディリングハム時代の旧型客車が数多く保存されている

る。そして1891年1月、失意のまま病死したカラカウア王を継いで妹のリリウオカラニが即位。1893年1月14日、危機感を抱いた女王は王国復興をめざす演説を行い、イオラニ宮殿前には女王支持の数千のハワイ人民衆が集まった。しかし、アメリカ艦隊が間髪を入れず海兵隊を上陸させて宮殿を包囲。戦艦ボストンは海上から主砲を宮殿に向けて激しく威嚇する。アメリカのやり方は今も昔も荒っぽい。さらにアメリカによって幽閉されたリリウオカラニ女王を支持する武装蜂起も鎮圧され、これ以上の流血を避けるために女王は退位を決断。1893年1月17日、カメハメハ1世から約1世紀続いたハワイ王朝はここに滅亡した。名曲『アロハ・オエ』はこのとき女王がハワイ国民に向けて歌った惜別の歌とされている。

当時、日本人移民は2万5000人にものぼり、根気よく働く日系移民は鉄道建設では欠かすことのできない労働力だった。ところでこのハワイ王国滅亡の混乱時に、日本海軍も居留民保護のため巡洋艦をホノルル沖に派遣。艦長の東郷平八郎は終始リリウオカラニ寄りの態度をとっていたという。

しかし、このクーデターで日本移民たちはハワイ王国の庇護を失い、以後アメリカのマイノリティーとして苦難の歴史を歩むこととなる。ディリングハムのオアフ鉄道は、やがてはオアフ島を半周してホノルルからノースショアのカフルにまで達した。王朝滅亡とひきかえのように線路を延ばしたオアフ鉄道は、やがてパールハーバーを支える軍用鉄道として活用され、1968年まで走っていたという。

現在、このオアフ鉄道の残された線路を使って、民間のボランティア団体「ハワイアン・レイルウェイ・ソサエティー」がエワ〜カへ間約10キロを日曜日に運行、発車するエワの構内にはディリングハム時代の旧型客車が数多く保存されている。

ラハイナ王のサトウキビ鉄道

フラに『カア・アヒ・カフルイ』(パラニ・ヴォーン)という曲がある。「カフルイの汽車ぽっぽ」という意味の素朴な曲だが、この中に「ハワイの地に初めて走った汽車」というフレーズがある。

マウイ島の中央平原はハワイ屈指のサトウキビの農場が広がり、今でも複数の製糖工場が太い煙突から白煙を吐き出している。1878年、ここにハワイ諸島最初の鉄道が走り始めた。時はカラカウア王の時代、ラハイナに王みずから「パイオニア・ミル」という製糖工場を建設。そしてマウイ島ワイルク〜カフルイ間に、ハワイ初の蒸機鉄道を敷設して殖産興業を図ろうとした。しかし、その財源はマウイ島の砂糖財閥クラウス・スペッケルズに負うものが多く、やがて王族の負債となっていく。それはともかく、民衆は王が建設してくれた黒煙を吐きながら走る蒸気機関車に歓喜し、やがてフラとなって歌い継がれることとなる。

ハワイ最古の「カフルイ鉄道」は第二次大戦後、数度にわたってやってきた大津波の被害も少なく、ハワイ鉄道の最後を飾るように1966年まで営業運転を続けた。さすがにカラカウア王の鉄道である。ともあれ、現在も広大な面積でサトウキビを栽培するマウイ島は、かつてのハワイの産業風景が最も色濃く残っている島といえるだろう。またこのマウイ島には、ラハイナの製糖業者「パイオニア・ミル」へのプランテーション軌道もあって、ここの総延長は58キロもあったという。今ではその廃線跡の一部を使って、1970年から本格的な蒸気機関車を使ったラハイナ・カアナパリ観光鉄道（サトウキビ列車）がドラフト音を響かせて走っている。

あまりにも美しい絶景鉄道の跡

ヒロはハワイ島の西にある貿易港で、19世紀中頃からプランテーションが設けられた。またキラウエア火山の観光基地でもあり、1899年にはハワイではめずらしい1435ミリ標準軌の鉄道としてワイアケア〜オラ間が開業した。

さらに1913年までに、ハワイ島東北部のパウリオまで路線延長を果たす。この路線はハマクワ・ラインと呼ばれ、溶岩段丘の険しい海岸地帯を35本ものトレッスル橋（旧余部《あまるべ》鉄橋みたいな）で貫いていた。しかし、あまりにも巨額な建設費用をまかなえず、1916年にオアフ鉄道のディリングハムの支援を受けてハワイ統合鉄道（HCR）となった。開通後のハマクワ・ラインは熱帯植物と断崖絶壁の絶景路線として「世界で最も美しい鉄道」と呼ばれ、名声をほしいままにしたが、1946年4月1日のアリューシャン地震による大津波で壊滅的な打撃を受け、そのまま廃止されてしまう。

ハワイで廃線探しをしていて、いちばん迫力があるのがこのハマクワ・ラインで、ヒロには扇形車庫が残り、郊外の海岸地帯には自動車道路に転用されたトレッスル橋がいくつも現存する。沿線のラウパホエホエ駅跡にはハワイ州唯一の鉄道博物館があり、建物裏には方向転換用の三角

絶景路線で知られたハマクワ・ラインの絵葉書

ハマクワ・ラインのヒロには、扇形車庫も残る

ハマクワ・ラインのラウパホエホエ駅跡には、ハワイ州唯一の鉄道博物館がある

線も残る。ちなみに、近郊のラウパホエホエ岬もアリューシャン大津波で多数の犠牲者を出したところで、その絶景とは裏腹な歴史を伝えている。

まさに美人薄命、天下の景勝鉄道の命はたった33年間だった。

第4章　アートとファッション・スポーツの箱

Art , Fashion & Sports

駅前像

美術館より注目度の高いパブリックアート

赤レンガの東京駅丸の内口駅舎が復原される前まで、駅の正面には「日本の鉄道の父」と呼ばれた井上勝の像が立っていた。幕末に伊藤博文らとイギリスに密航までして鉄道技術を学び、帰国後は新政府の鉄道局長官として東海道本線や東北本線の建設に奮闘し、最後はヨーロッパの鉄道を視察中にロンドンで客死するという鉄道莫迦《ばか》ぶりを貫いた男だった。地味な銅像だったが、1914（大正3）年の東京駅開業時からあったものだけに、先行きが気になる。「今のところ再設置は未定」とJRの工事関係者は話している。

このように、駅前広場に立つ偉人・武将・政治家の像は少しばかり古臭くても、空疎になりがちな駅前の空間を落ち着かせている。振り返ってみると、日本で大型の像といえば仏教寺院の専売特許だった。基本的には仏像と、それを守る仁王様のような山門の木像ばかりで、パブリックアートとしての屋外像は明治時代から現れた新種だった。おそらく井上勝たちが留学時にロンドンのトラファルガー広場のど真ん中に立つネルソン提督の像なんかを見て、これはいけると思ったのだろう。もとより銅像は、その人物の功績や姿を後世に伝える役割とともに、それが置かれた時代の威信や思想までずっしりと背負わされて立っている。しかも、当代一流の彫刻家が手がけていることが多い。でも、こんな〝重い〟ものをどこに置くかという場所選定はちょっと悩ましく、城跡や公園、そして困ったときには駅前ということになる。

かくして駅前にはさまざまな銅像（石像もあるけど）が建立されることとなった。

駅前の戦国武将像の大迫力

そんな駅前像の両雄といえば、渋谷駅前の「忠犬ハチ公」と上野駅前の「西郷隆盛」だろう。いきなり犬で恐縮だが、こと〝像〟という意味では奈良の大仏に匹敵する知名度を誇る。同じく上野の西郷像（正確には上野公園内の駅寄り）も犬（ツンという名）を連れた浴衣姿だったが、完成した１８９８（明治31）年には日本初の除幕式が行われた。ちなみに西郷本人とツンの彫刻家は異なるという。この山手線にはほかにも恵比寿駅前の「ゑびす」や日暮里《にっぽり》駅前の「太田道灌」像があるが、両者とも比較的新しい。

個人的に好きな駅前像を並べてみると、ＪＲ南武線分倍河原《ぶばいがわら》駅前ロータリーに立つ「新田義貞」像は勇ましい騎馬姿。鎌倉幕府を倒した合戦がこの地であったことを伝えるものだが、なぜか駅を背に工場の方を向いている。同じく戦国武将では、小田原駅北口の「北条早雲」も必見だ。角

小田原駅北口の迫力ある北条早雲像は必見

にたいまつを点した牛と、いきり立つ馬の背で軍配をかざす早雲の迫力は、駅前像の中でもトップクラスだ。そして甲府駅前の「武田信玄」像も、その巨大さで図抜けた存在感を示す。重量5トンの信玄は1968（昭和43）年建立という。異彩を放つのが大分駅前の戦国武将「大友宗麟《そうりん》」像で、なんと洋服姿で立っている。もっと異色なのが京阪三条駅前（駅は地下化されたが）の「高山彦九郎」像で、四つん這いになって京都御所を遥拝する姿がかなり怖い。でも地元では「ひこくろうさん」と呼んで、待ち合わせ場所になっている。また政治家系銅像も興味深い。有名なのが東海道新幹線岐阜羽島駅前の「大野伴睦《ばんぼく》夫妻」像で、自らの政治力で誘致した新幹線駅を眺める臆面のなさが、今となってはほほえましい。上越新幹線浦佐駅前の「田中角栄」像も、地元のスーパースターぶりを思わせる。

京阪三条駅前の高山彦九郎像は京都御所を遥拝する姿が異彩を放つ

しかしながら、物議を醸しているのが高知駅前の「三志士」像。もともと桂浜の坂本龍馬像に並べて、武市半平太と中岡慎太郎の像を立てようとしたものの地元から反発を受け、それではと龍馬像をあらたに制作して駅前に並べてしまったというもの。しかも像は発泡スチロール製で移動可能という軽さ。一時的なイベントかと思っていたら、もう3年も経っている。

最近ではアニメキャラなどのキラキラ系駅前像が出てきて、私のような守旧派としては苦々しい限りだ。こと駅前像を立てるなら時代を超えて存在感のある人選？　をしてほしいと思う。でも、京成柴又駅前の「車寅次郎」像は、なかなかいいと思う。

鉄道文字

大事業だった改正時の看板書き

国鉄で文字（字体）が統一される以前は、ホームは白地に黒、駅舎には濃紺に白文字のひらがなで駅名が大書されていた。しかもその多くがかなりの達筆で、なかには禅僧が書くようなすばらしい文字もあった。この域になると、駅名が遠くから読めなくても〝わかる〟のである。当時の駅名看板は、漢字は小さくひらがなが大きく表示されていた。「昔は漢字が読めない人もいっぱいいいたから」とは元国鉄マンの話。そして現れたのが「スミ丸ゴシック」という字体だった。

比較的太字のゴシックで、なおかつ文字の末端が緩やかな曲線を描いた文字のカタチだ。国鉄時代には、この文字が駅名看板など構内の運賃表示や列車の行き先幕などに使われ「国鉄フォント」という名前までついていた。

国鉄が民営化されてはや四半世紀、最近ではこの字体がちょっと懐かしさを感じさせて、しかも視認性が抜群の文字として再評価されている。活字を研究している多摩美術大学の佐賀一郎さんによると、「もともとこの文字は、駅名看板などを書くときに、看板屋が書きやすいように考えられた文字なんです。なにしろみんな筆で書いていましたから、角が立っている普通のゴシック

“国鉄フォント”と呼ばれた懐かしさを感じ、視認性も高い「スミ丸ゴシック」

文字では作業効率が悪いので、スミ丸にしたようです」という。これに似た字体にナール体があるが、国鉄の字体はすでに昭和20年代から使われていたという。かつて国鉄特急のヘッドマークのほとんどを手掛けた鉄道デザイン界の巨匠・黒岩保美《やすよし》が国鉄職員時代に関わったとされ、やがて１９７３（昭和48）年の鉄道掲示基準規定で細かく決められている。とはいえ、今のようにデジタル的に文字の拡大が自由にできた時代ではない。ダイヤ改正や運賃値上げのたびに、全国の看板工場で職人たちが一斉に筆をふるっていたのだ。当時の「改正」は大事業だったのである。しかも、漢字となるとすべて見本があるはずもなく、現場判断で簡略化が行われた。これがまた独特の味になっていたのだ。

　また私鉄の中には独特の字体を採用するところが現れ、京浜急行の斜体がかかった文字や、箱根登山鉄道ではしっとりとした和風の字体で個性を出している。ちなみに国鉄民営化以後、ＪＲ東海が国鉄字体をベースにしたものを使い、ＪＲ東日本は新ゴシック体を使っている。近年、個性豊かだった高速道路の標識なども既存の書体を使うようになり、あの絶妙に簡略化した文字は消えつつある。「結局、書ける職人がいなくなっちゃったんですよね」と佐賀一郎さんは言う。

ところで、ローカル私鉄に行くとまだ手書きが生きている。

ひらがなに注目、地方私鉄の名人芸

「うちはバス会社もやっていたんで、列車の塗装もバスの流儀でやっちゃいました」。これはひたちなか海浜鉄道の前身、茨城交通湊線で聞いた話。江ノ電でも「古い電車などは検査のときに我々で全部色を塗り直します」という。小さな鉄道では、乗用車よりもはるかにでっかい車両の塗装は大事業なのである。それでも、車庫ではいつも傷んだところを塗装している。ローカル私鉄は「できることはなんでもやる」（若桜鉄道の車庫にて）のが信条だけに、現場には塗料とハケを常備しているのだ。そして、腕に覚えのある職員が看板類の製作も引き受ける。もとより、鉄道はおびただしい看板や注意書きが必要な事業なのだ。そこに味わいが宿る。

「この行き先表示はね、『の』や『ん』の文字を大きく書くのがコツなんだ」とは、土佐電気鉄道の看板担当の話。高知市を中心にを走る路面電車の前面に掲げられる行き先表示のサボは、「ごめん」（後免）や「いの」（伊野）といった、お習字の流麗さとは別次元の力強さで乗客を導く。津

津軽鉄道の遮断機のない踏切に立っている看板。
手書き文字が風景にマッチする

軽鉄道の遮断機のない踏切に立っている「ふみきりちゅうい」のウマヘタの看板は、もうすでに津軽の風景になっている。地方を旅して、そんなロゴやフォントを超越した書き文字看板に出合うと嬉しくなるのは私だけだろうか。ウマヘタで言えば、四国の某電鉄では「検査から電車が出てくるたびに車体番号の文字が違う」のは鉄道ファンの間で有名だ。でも、プリントアウトしてラッピングして一丁上がりのパソコン世代が現場の主流になると、味のある鉄道文字は消えていくと思う。

車掌かばん

ちょっと不思議な、理由のあるカタチ

かつては列車内を巡回する車掌が、かならず肩から下げていたのがこの車掌かばんだ。黒々とした革製で大きく頑丈そうな口金を持ち、中には車内補充券（車内で販売する乗車券）や改札鋏などが入っていた。制服に制帽、そして車掌かばんが、車内では実にオフィシャルな感じを醸し出していたものだった。ともあれ揺れる車内で仁王立ちになって、てきぱきと精算業務をこなす車掌の七つ道具が入っているこの黒かばん、子供の頃はなんとも魅力的に見えた。さすがに現在は車掌携帯端末の普及で見ることはほとんどなくなったが、それでも津軽鉄道など一部の私鉄では使われ続けている。この車掌かばんのようながま口を大きくしたような肩掛けかばんは、日本では明治20年代から「油かばん」や「八百屋かばん」として、油売りや豆腐屋などの行商人の集金用に使われていたという。このような革製のかばんは主に兵装として作られていたようで、一般に和服が外出着だった昭和初期までは現場の仕事道具だった（あの小学生のランドセルも歩兵用かばんが元だった）。そんな車掌かばんが全国的に広まったのは、鉄道による採用と市電やバス会社からの需要で、鉄道の現場では「肩掛現金鞄」とか、または「胴乱」という戦国時代からの

津軽鉄道など一部の私鉄で今も使われている車掌かばん

弾丸入れの名称が使われていた。

車掌かばんの基本形は、底の部分にマチがないVの字形（横から見て）で、一部には布製もあったという。業務として使用する同じがま口形かばんとしてはドクターズバッグやダレスバッグ、郵便かばんのように底幅が広いものがあるが、車掌かばんは「底が狭いほうが開いたときに中身が立って使いやすい」と津軽鉄道の現役車掌は話していた。今でも車掌かばんを製造している鹿児島市の丸山革具店では「革は牛革で、弾力性のあるクロームなめしやタンニンなめしを使います。口金以外はぜんぶ手作りで、今でも広島電鉄や鹿児島市交通局からの注文があります」と聞いた。一般に口金の幅が21センチと24センチのものが多いが、「内部の仕切りはそれぞれの会社によって違います」とのこと。さらにバス用には、パイプに引っ掛けてお

今でも車掌かばんを製造している丸山革具店（鹿児島市）

く背もたれ金具付きや、ベルトのない金鎖付きのものもあった。

線路の上の絶滅危惧種

まだバスや路面電車に車掌が乗っていた時代、それこそ全国で毎日数千個の車掌かばんが運賃を集めていたのだ。もちろん欧米でも、このような車掌かばんが使われていて、日本のものとよく似たものがドイツの路線バスでも使われていた（というか、これが日本に伝来したらしい）。そんな欧米の車掌かばんもさまざまな形式がある。たとえば、がま口形バッグに金種別のコインホルダーが装着されているものや、イギリスのバスの車掌が下げていた革製のポーチなどだ。またスイス国鉄のように全体が赤く塗られ、肩掛けの紐（ストラップ）も長めでかばんが腿の位置まで下がって乗客の頭に当たらない工夫がされているのもある。さらに、かばんとは言いがたいが、タイのバスに乗ったときは金属製の茶筒のようなコインケースを、ガチャガチャと振り回しながら料金を集めて回る集金人を見たことがある。車内が超満員でも、集金人（ほとんどがオバサン）は驚異的な身のこなしで移動する。タイのバスではこのガチャガチャが近寄ってきたら、小銭を用意しなければならないのだ。ついでに言えば東欧などでは車内検札の際に車掌に見せた切符を、パンチで穴あけするのではなく、半分ほど軽く破ることで検札済みの証としている。

このように運賃徴収システムの一部だった車掌かばんだったが、ワンマン化やＩＣカード化、欧米の都市部で一般化している信用乗車（チケットは駅や停留所の自販機で販売し、集札や検札は行わない。ただし無賃乗車が発覚すると高額のペナルティーが科せられる）などで、一般に見ることはなくなった。一時は絶滅危惧種だった車掌かばんだが、その下膨れした愛嬌と持ち前の丈夫さで、個人向けに売れ始めているという。

野球と鉄道

これさえあれば楽しい男たち

プロ野球大阪近鉄バファローズが消滅してから早くも10年が経った。あのとき泣いたファンも多いと思う（筆者もそのひとり）。今では阪神と西武だけとなった電鉄系球団だが、以前は多く、南海、阪急、西鉄、古くは東急も球団を持った歴史があった。

さらには小田急や京阪もプロ野球進出が噂された。もちろん、沿線に数万人規模の球場があって、定期的に試合があれば運賃収入になる計算があってのことだが、それ以上に古くから鉄道関係者に野球好きが多かったこともあるだろう。かつては阪急の小林一三《いちぞう》、近鉄の佐伯勇、南海の川勝傳《でん》などなど、野球を愛し野球に愛されたような名物オーナーがいた時代だった。さかのぼれば「渋谷の東急電鉄本社の廊下で、野球好きだった五島昇さん（五島慶太の長男、後の東急グループ社長）と雑巾でキャッチボールをしたことがある」と元東急電鉄の写真家・荻原二郎さんに聞いたことがある。その東急電鉄から東映の社長に転じた大川博は東急から東急フライヤーズを引き継ぎ、のちに東映フライヤーズ（現・北海道日本ハムファイターズ）のオーナーとしてパシフィック・リーグの初代会長も務めている。広い意味で言えば、西鉄ライオンズを引き継いで西

野球殿堂博物館の野球殿堂に顕彰されている、平岡凞のレリーフ

武ライオンズを立ち上げた堤義明元会長も鉄道と野球の男だった。

1871（明治4）年、弱冠16歳でアメリカに渡航してボストンで車両製造技術を学んだ平岡凞《ひろし》（1856〜1934年）は、留学中にボストン・レッドストッキングス（現在のアトランタ・ブレーブス）のファンとなり、エースピッチャーと親交を結んでいた。帰国後、工部省鉄道局の技師となり、1878（明治11）年に新橋停車場内にグランドを設けて職員を中心とした「新橋アスレチックス」というチームを作った。これが日本で最初にユニフォームをそろえた野球チームとされている。ところで、平岡はチームの記念写真をエースの男に送ったところ、新しいルールブックと野球道具がどっさり送られてきた。彼こそが現在も続くスポーツ用品メーカー「スポルディング社」の創業者アルバート・スポルディングだった。新橋は日本の鉄道と野球の始まりの地なのである。

鉄道によって拡張したメジャーリーグ

のちに鉄道車両メーカー「平岡工場」を起こした平岡は、日本で初めて〝魔球〟カーブを投げたことでも知られ、東京ドームの野球殿堂博物館には〝日本野球の祖〟として顕彰されている。彼は「汽車と野球」に夢中になった男の元祖だった。

やがて大正になると全国の鉄道局に野球チームが結成され、1927（昭和2）年に都市対抗野球大会が始まると、各地の鉄道局が強豪として名を連ねた。ちなみに第1回大会の出場12チームの中で鉄道関係は7チームもあり、優勝は満鉄中心に編成された満州倶楽部（大連市）だった。やがて1950（昭和25）年には、各管理局から選抜された選手を中心に国鉄スワローズ（現・東京ヤクルトスワローズ）が結成されることとなる。

時代はふたたびさかのぼって1846年6月19日。ニューヨーク市から見てハドソン川対岸にあるホーボーケンの空き地でのこと。ニューヨークの元消防団員のチーム「ニッカーボッカーズ」が、これもニューヨークの「ニューヨーク・クラブ」と試合をして1―23で敗れた。どうやらマンハッタンには適当なグラウンドがなく、川を渡って勝負したようだ。ともあれこれが1チーム9人制で、ファウルラインがあり（クリケットはファウルラインがない）、菱形内野を使った〝野

ニューヨークのハドソン川対岸にあるホーボーケンはアメリカの鉄道と野球の発祥の地。初の野球チームとなった「ニッカーボッカーズ」が試合を行った

球の最初〟とされている。

奇しくもその20年前の1826年、アメリカ鉄道の父といわれた陸軍大佐ジョン・スティーブンス（1749〜1838年）は、このホーボーケンに環状レールを敷いて自作の蒸気機関車を走らせた。これが〝レールを走ったアメリカ製機関車の最初〟とされている。

アメリカも鉄道と野球の発祥地が一緒なのだ。

南北戦争（1861〜1865年）のとき部隊内で遊ばれていた野球が、戦争終結後に帰郷した兵隊たちによって全米に広がっていった。やがて、鉄道のつながった東部の各都市にベースボールクラブが結成され、メジャーリーグへと進化していく。

ブルースと鉄道

アメリカの魂は鉄道線路のカタチだった

Goin'where the Southern cross' the Dog（サザン線とドッグ線の交差するところに行かなくちゃ）

そう歌うみすぼらしい黒人がいた、彼はナイフで弦を押さえながらギターを奏で、歌い続けたという。１９０３年のこと。ミシシッピ州にあるイリノイ・セントラル鉄道のタトワイラー駅で、メンフィス行きの列車を待つＷ・Ｃ・ハンディという黒人音楽家がいた。しかし、彼が乗るべき列車は9時間も遅れていた。南部デルタのけだるい空気の中、黒人が奏でるギターだけが響く構内。ふと、ハンディはその奇妙な奏法のギターと歌を楽譜に書き留めた。

これこそがブルースが記録された最初だとされている。そのブルース発祥の故事から１００年後、アメリカ合衆国議会が母国が作り出した偉大な芸術として２００３年を「ブルースの年」とした。20世紀のはじめ、そんなブルースをたずさえた南部の貧しい黒人たちは、アメリカを南北に貫く「イリノイ・セントラル鉄道」に乗ってシカゴに達し、やがてアメリカの音楽や文化に大きな影響を与えていく。

それはともあれ、鉄道好きとしては〝サザン線とドッグ線の交差するところ〟が気になる。な

『セントルイス・ブルース』で知られるW・C・ハンディが初めてブルースを記録したのは、鉄道の駅だった

にしろ史上初のブルースに登場するのが鉄道の十字路だからだ。

この1900年代初頭のミシシッピ州では、綿花栽培のプランテーションがデルタ地帯に広がっていた。その綿花の集積地に複雑な路線網を作り、Pea Vine（エンドウのつる）と形容されていたのが「ヤズー&ミシシッピバレー鉄道」（Y&M・V）である。これがのちに「イリノイ・セントラル鉄道」に吸収されるのだが、この頃はまだ愛称名「イエロー・ドッグ」と呼ばれていた。

さて、タトワイラー駅から南下する「ドッグ線」は廃止されて道路になっているが、約30マイル（48キロ）走ると現役の「コロンブス&グリーン鉄道」（C&G）と交差するムーアヘッドに到達する。

この鉄道こそが、1895年から1920年までの間「サザン鉄道」という名称だった。1903年にギターで歌っていた黒人は、ドッグ線とサザン線がクロスするムーアヘッドに来たかっ

通信販売の10ドルのギターで黒人たちはブルースを弾き語った

たのである。現在、その跡には線路が十字に交差するモニュメントが置かれ、ブルースの聖地になっている。

ところで、南部の黒人たちには悪魔と取引をするための秘密のクロスロード（十字路）があり、抜きん出た才能を得るために深夜、悪魔に魂を差し出すという伝説がある。一般には道路を意味するが、鉄道の十字路にもそんな魔術的な意味が込められていたのかもしれない。

廃墟と化した黒人音楽の聖地

伝説のブルースマン、ロバート・ジョンソンが作り、エリック・クラプトンもカバーした名曲『クロスロード・ブルース』を聴くたびに、よるべない黒人たちが駅に集まってくる情景が目に浮かんでくる。W・C・ハンディがタトワイラーでブルースを聞く約40年前、南軍と北軍による激しい鉄道線路争奪戦の南北戦争があった。これにより自由を手にした黒人たちだったが、解放されてもなお最下層に追いやられ、黒人を差別する州法が次々に制定されていく。そんな孤独のなかで弾き語ったのがブルースだった。まさに憂鬱なＢｌｕｅな気分を歌った黒人音楽を記録したＷ・Ｃ・ハンディはのちに『セントルイス・ブルース』を発表して世に知られるようになるが、もうひとつ『イエロー・ドッグ・ブルース』も残している。それは、１９０３年のタトワイラー駅での出来事を歌ったものだった。ちなみに『セントルイス・ブルース』はのちにグレン・ミラーによって行進曲となり、第二次大戦で各地で戦ったアメリカ軍により世界に広められた。

アメリカ文化にとって聖地とされるタトワイラー駅だが、この地方の不況やたび重なる洪水とトルネード（竜巻）の襲来で、ほとんど廃墟と化しているという。

ドライビング・クリーク鉄道

あっと驚くヒッピーの陶芸軌道

17世紀、大英帝国はニュージーランド北島のコロマンデル半島に襲いかかった。半島にはカウリの巨木が茂っていたのだ。カウリは帆船のマスト材としては右に出るものがないほどの良材で、あっというまに豊かな森は伐採されてしまった。さらに1世紀後、半島から金が発見された。ふたたび先住民族マオリが神とあがめる森に斧がはいる。1869年から1871年にかけてゴールドラッシュとなり、トン単位で金が採掘されていった。そして各所に大穴を残して半島はふたたび森に還っていった。そんな歴史を秘めた森に、軌間381ミリの超狭軌鉄道が分け入る。全長約3キロ、手渡された路線図はループにスイッチバックがすさまじく入り組んで、まるで唐草模様のような線路が描かれていた。

「陶芸と鉄道とカウリの森はアートだ」という陶芸家バリー・ブリッケルは典型的なヒッピー世代だ。1961年にこのコロマンデルの地にドロップアウトして、陶土採掘用のささやかなトロッコ軌道の建設を始める。太平洋を見下ろす丘の上に、彼は陶土を見つけたのだ。しかし、最初は急峻な登山道しかなかった。そこでブリッケルは大自然への負荷が少ないトロッコの建設を決

うっそうと茂るシダのなかを走る、側面むき出しのトロッコ客車

意した。最初は実用の具だったトロッコも、その面白さに開眼したブリッケルは、ニュージーランドの森に張り巡らされていた森林鉄道の記憶をたよりにどんどん線路を延長する。

バーナード・リーチの影響を受け、ニュージーランド初の陶芸家といわれる彼はついに２００３年、高低差１００メートルを超す野趣あふれるジャングル鉄道を完成させてしまった。そして、かつてカウリの丸太を流したことに由来するドライビング・クリーク谷にちなみ「ドライビング・クリーク鉄道」と命名し、ハンドメイドのディーゼル客車も造って公開運転を開始した。

夢のようなジャングルのトロッコ、天空を走る

鉄道はバラックのレンガ工場から発車する。車体幅は約1メートル、なにしろ線路幅が大人の肩幅ぐらいしかないので、シートも大人2人掛けのトロッコ客車である。ここには「ポッサム」と呼ばれる14人乗り2両連結の客車と、「スネーク」という3両編成の連節車、そして36人乗りの「リンクス」が運行する。いずれもディーゼルエンジンが車体中央部にマウントされて、さながらトロッコ風路面電車の風情だ。

定刻になると、作業場のような山麓駅から発車する。その速度は歩くほどの速さだが、尻の下から車輪がレールを踏みしめる鉄同士の振動がじかに響く。万事簡便な客車は遊園地のおサルの電車といった風情だ。それでも前席の大男の肩越しに先行列車も見える。どうやら続行運転のようだ。やがて、運転手兼ガイドのオヤジがいろいろ解説し始めた。でもニュージーランド（オセアニアなまり?）の英語でよくわからないが、とにかく楽しい。急峻な地形に次々と現れるスイッチバックでと急旋回ループ、うっそうと茂るシダの中を側面むき出しのトロッコ客車が行くと、まるで映画『インディー・ジョーンズ』の世界だ。線路は5カ所の高架橋と5カ所のスイッチバック、さらに2カ所のループ線を経てずんずん登っていく。

３両編成の連接車「スネーク」の前に立つ運転手兼ガイド

線路際には苔むしたブリッケルの陶芸作品が展示される、野趣あふれる軌道は、最後の最後に崖上に高々と突き出たスイッチバックで折り返し、コロマンデル半島の大景観が見わたせる山上駅のアイフルタワーに到着する。乗客から歓声があがる。

30年かけて造った鉄道は、30分のスペクタクルをたっぷり味わわせてくれた。

一見すると緑豊かな山野に見えるが、かつてここには高さ50メートルに達するタワーのようなカウリが林立していたという。ブリッケルは現在、山にカウリの苗木を植えている。これがふたたび巨木になるのは「１０００年後かな」（運転手）という。アートである。

第 5 章　メカと車両の箱
Mechanism &Vehicles

つないで放す連結器の物語

年間500人が殉職した連結作業

ある週末、東京と出雲市を結ぶ寝台特急の「サンライズ出雲」に乗った。この列車は、縁結びのパワースポットとして人気の出雲大社に向かう列車として、女性の利用率が極めて高い列車であることは知っていた。驚いたのが岡山駅での「サンライズ瀬戸」との分割シーンで、ほんの数年前までは鉄オタ男子の撮影会だったのが、今では女の子たちの「悪縁を切る」大事なまじないと化していて、黒山をなす女性たちの後ろ側から鉄道ファンはつま先立ちして見る情けないありさまだった。このあたり、鉄道にまつわる民俗学的な考察ができそうな現象だ。

それはともかく、1925（大正14）年7月17日、連結に関する日本の鉄道史に残る大事業が敢行された。この日、本州と一部を除く四国の国鉄車両の連結器が一斉に交換されたのだ。車両とは、巨大な蒸気機関車から小型の無蓋貨車までのすべてで、1車両に2個ずつ付く連結器を手作業で交換したのである。その数は機関車と客車が約1万2200両、貨車にいたっては約4万2000両におよび、合計10万個超の連結器が、新型の自動連結器に交換されたのだ。余談だが、北海道の鉄道車両はアメリカ製だったので最初から自動連結器だった。

寝台特急「サンライズ出雲」は、岡山駅での「サンライズ瀬戸」との分割シーン撮影にも女性が目立つ

ねじ式連結器の連結・解放作業は、鉄道現場で最も危険な作業だった

ちなみにそれ以前は、おもに英国から導入されたねじ式連結器が使われていた。これは鎖で車両をつなぐ原始的なもので、車両間の鎖のたるみをねじによって調整する連結器だった。このねじ式連結器にはバッファ（緩衝器）が付いていて、引っ張りは鎖、押しには互いのバッファがぶつかってけん引力や制動力を伝えていた。しかし、列車が長大になるにつれ鎖の強度では心もとなく、しかも連結・解放作業で作業員が挟まれる事故も多発していたのだ。なにしろ連結するときは互いのバッファの間のわずかな空間に体を潜らせて、連結器のリンクを手でひっかけてねじを締めていた。これは鉄道現場では最も危険な作業で、当時は連結手の殉職者が国内で年間500人にも達していた。すさまじい事故数である。

綿密な計画と人海戦術で、一気に交換

これを、連結作業が無人化できるアメリカ製の自動連結器に交換する大プロジェクトだった。その実行は、全国の貨物輸送の閑散期である7月17日に、鉄道職員を総動員する綿密な計画で行われた。事前に各貨車には交換用の連結器をぶら下げておき、6000人にもおよぶ鉄道工場や保線、検車区などの作業員に交換訓練を重ねて作業を習熟させ、全国の駅や機関区に配置して一斉に敢行した。このような連結器の交換は、他国でも例がないというプロジェクトだった。

客車は比較的編成が固定されているので順次交換が可能だった。しかし、毎日居場所が変わる貨車にいたっては、集めて一度に交換できるものではなかったのだ。

国鉄はこの1日で、悪縁を切ったのである。

新しく装着された自動連結器のメーカー「アメリカン・スチール・ファウンドリー社」はこの壮大な作業をドキュメンタリー映画に撮って欧米にPRしたほどだった。

さて、この自動連結器は、人間が握手するようなナックルが互いに結合する連結器になっている。これは原型が19世紀にアメリカで開発されたもので、単純な構造で頑丈な強度を持っていた。なにより、互いに接触するだけで手を握り合うことから「自動」の名前がつけられたのだ。さらに1929（昭和4）年には国産の柴田式という密着連結器が導入される。これは連結器に「遊び」がなく、文字通り車両同士が連結器を介して密着していることで、発車時の「ガッタン」が少なく、発進停止を繰り返す都市部の電車に多く見られるようになった。

もとより現代の連結器には、押したり引いたりねじれたりと、さまざまな力に耐えてなおブレーキ管や電気信号の接続という重要な仕事も任されている。そんな武骨な鉄の塊が仕事をするホームの連結作業は、良縁も悪縁も関係なく、思わず見入ってしまう鉄道のメカだ。

譲渡車両　寄せ集めでも走る中古車両の頑丈さ

旅をしていると、思わぬところで「知っている」電車に出合うことがある。

あるとき、湯田中温泉に向かうために乗った長野電鉄の電車が、元営団地下鉄（現・東京メトロ）日比谷線の３０００形だった。ステンレスのコルゲート（波状）板の車体で、六本木の地下を颯爽と飛ばしていたモダンな電車が、リンゴ畑を走っていた。いま、日本の中小私鉄では車両を新造するところはまれで、ほとんどが大手私鉄の中古車両を使っている。電車が高性能化するにつれて価格が高騰し、大手私鉄の一般的な電車でも1両当たり1億～2億円が相場になっているからだ。おしなべて経営が苦しい地方私鉄にはとても手を出せる額ではない。

そこで大手私鉄を引退した電車の出番となる。なかでも積極的に中古車両を販売しているのが、東急電鉄と京王電鉄で、編成の短縮や中間車に運転台をつける先頭車化など、地方私鉄に合わせた改造を行っている。

ある地方私鉄の担当者によると「いちばん欲しいのは18メートル級の冷房つき」といい、大手で主流になっている20メートル級電車は「長すぎる」という。電車が大きくなると、ホームの長さなどに影響が出るからだ。車両工場でもなるべく価格を抑えるために中古部品を集めて改造するので、中間車を運転台つきにするときもデザインなどは二の次になることがある。かつて東急車輛で改造を担当していたイラストレーター・宮田道一さんによると、「簡単なスケッチでたいていＯＫだった」とか。そんな中で、自社工場で大胆不敵に改造してしまう私鉄もある。たとえば富山地方鉄道では、元西武鉄道の５０００系特急「レッドアロー号」を運行しているが、オリジナルは車体だけでモーターと台車はＪＲ九州の４８５系、制御器は京浜急行１０００系、ブレーキは営団地下鉄の３０００系という寄せ集めの人工移植で賄った。

わが青春の電車は、今も現役

電車の移籍先は引退車両が出るタイミングで決まるので、南海電鉄沿線の水間鉄道（大阪府）に東急の電車が走っていたりする。ちなみに大手私鉄の電車は架線電圧１５００ボルトが普通だが、北陸鉄道石川線（石川県）のように６００ボルトでも元大手の電車が走っている。聞くと「電圧が低くてもなんとか走る」とか。もとより私鉄車両の移籍は明治の昔より普通に行われていて、もともとの線路の上で天寿を全うする車両は意外なほど少なかった。クルマと違って、鉄道車両の寿命はメンテナンス次第では無限に近いほど長く、使っているうちに路線が廃止されるこ

インドネシアのジャカルタ近郊を走る旧JR武蔵野線の103系電車。行先表示も日本時代のまま

ともしばしばあった。また、譲渡車両であることを逆手に取って、購入したキハ28を国鉄色に戻し、かつての急行列車を再現するいすみ鉄道（千葉県）や、キハ20系気動車で留萌《るもい》鉄道などの廃止された地方私鉄の塗装を再現した茨城交通湊線（現・ひたちなか海浜鉄道）などもあった。

また名鉄から高山本線に乗り入れた特急「北アルプス」のキハ８５００系が、譲渡された会津鉄道の普通列車として走っている様子は、往年の名投手がマイナーリーグで黙々と投げる姿に見えた（現在は廃車）。衝撃的だったのが、インドネシアのジャカルタ周辺で見た日本からの譲渡電車の活躍ぶりで、前面窓に投石防止用の網をつけた武蔵野線１０３系電車が、市場の中（もともとは駅の留置線）をゆっくりと走ってきたときだ。今ではアジアを中心に政

熊本電鉄には、東急電鉄目蒲線の人気電車5000系（通称・青ガエル）が1985（昭和60）年に譲渡された。現在は北熊本～上熊本間にて運行中

府開発援助の一環で中古車両が送られることが多く、特にミャンマーにはＪＲの大物・キハ１８１系特急を筆頭にキハ40系、さらに伊勢鉄道、のと鉄道、天竜浜名湖鉄道、甘木鉄道、三陸鉄道、松浦鉄道、北海道ちほく高原鉄道、真岡鐵道などなど、第三セクターを引退した気動車がごっそりと譲渡されている。

最近では鉄道車両も相互乗り入れが増えて、規格や性能を統一するため、ＪＲ・私鉄ともに姉妹型の電車が増えた。だから顔つきも似てくる。それに比べてローカル私鉄を走る往年の名車たちの個性豊かなこと。個人的には人に言えない思い出がしみ込んだ京浜急行１０００形電車が懐かしく、四国に行くたびに用もなく、ことでん（高松琴平電気鉄道１０８０形）に乗ってしまう。

電車は、ただの箱ではないのだ。

車両ドア　電車も店も、自慢だった自動ドア

ニューヨークやロンドンなどの大都市で、通勤客による朝晩のラッシュアワーが始まったのはおおむね1910年頃だという。ニューヨークの地下鉄では1912年に電車が10両編成となり、空気圧による両開きの自動ドアが備えられた。これだけの長さになると、車掌による開閉はまず不可能で、すみやかな乗降のためにもドアの自動化は通勤電車には不可欠だったのだ。日本では、1923（大正12）年に京阪神急行（阪急）の81形が自動ドアを装備し、1926（大正15）年に京浜線（現・JR京浜東北線）桜木町〜上野間の省線電車にアメリカに倣って空気圧式の自動ドアが登場している。また1927（昭和2）年の東京地下鉄道（現・東京メトロ銀座線）は、開業時から自動開閉式の3扉を備えていた。96歳まで現役写真家だった故・荻原二郎さんの古い写真のなかで、横腹に「自動ドアー」と大書した電車のモノクロ写真を見たことがある。「あれはね、電鉄会社の自慢だったんですよ」とは荻原翁の話。

しかし都市部以外の客車列車では戦後になってもドアの開閉は手動で、1970年代までドアを開け放したままスハやオハといった客車が平然と走っていた。〝走るホテル〟と謳われた初代ブ

セバーン渓谷鉄道（イギリス）の保存車両にあった観音開きの車両ドア

ルートレインの20系客車でさえ手動ドアで（施錠は自動）、客車では１９６９（昭和44）年の12系客車の登場までドアの自動化は待たなくてはならなかった。考えてみれば、一般の商店などに自動ドアが普及したのは昭和30年代中頃からで、子供の頃は、家のあった横須賀の街でいちばん早く自動ドアを導入した美容院のドアマット（ここを踏むと作動する）を踏みまくって叱られた思い出がある。だから戦前からあった通勤電車の自動ドアは、かなり先進的なメカだったのだ。

さて、電車の自動ドアは商店のものとは違って、正確には自動開閉ドアというべきもので、あくまで開閉は乗務員によって操作される。戸袋式の引き戸が主流で、上下に開閉機構が入っている。駆動方法も、初期は空気圧式がほとんどだった。空気圧が便

新幹線車両のドアには、閉まった後に内側から車体に押しつけて車内の気密を保つ「気密押さえ装置」がある

利なのは複数のドアを同時に操作できるからで、よく電車の床下からいきなりコンコンとコンプレッサーが動き出す音がするのは、ドア用やブレーキ用の圧縮空気をタンクにためるためなのだ。現在の通勤電車は電気式が主流で、ドア上部に仕込まれたスクリュー式の動作棒に扉が連結されているタイプと、最新のものは動作音が少ないリニアモーター駆動のドアまで開発された。

山手線でも、いろいろありました

そんな通勤電車のドアで試行錯誤が続いているのが「ドアの数」だ。たとえば都市の通勤電車で一般的な1両20メートル級の電車で、片側3扉か4扉がいいかという結構難しい課題だ。JR大阪環状線ではこの両方が混在していて、今もその最適化を出しかねているのが実情だ。同じ環状線の山手線では、少し前まで各列車に6扉車があったことを覚えている人も多いと思う。1991（平成3）年に、混雑緩和のため実験的にラッシュ時に10両編成の電車に座席を格納できる6扉車を1両増結したのだ（後年E231系になったとき2両に増える）。ところが、それ以後の人口減少もあって混雑率が緩和され、6扉は意味を失っていった。さらに近年になって山手線各駅のホームドア化が計画されると、いくらなんでも6扉は無理と、2011（平成23）年にひっそりと4扉に交換されてしまった。山手線の列車編成が11両という変わった数なのはこのためなのだ。現在、6扉車はJR総武線・中央線の5号車に連結されている。

さて、同じ超満員の通勤電車でも、インドや東南アジアの非冷房の通勤列車は扉を開け放したまま走るのが普通だ。ムンバイでは大きく開いたドアの中で、吊り手で懸垂する元気満々のビジネスマン？　を並走する列車から見たことがある。また、しなの鉄道（長野県）の115系電車など寒冷地の列車では冬になると、車内保温のために下車客が手でよっこらしょと扉を開ける半自動式（閉めるのは自動）扉になっている。

余談だが、かつての甲子園球場のバックスクリーン上のスコアボードは、阪神電車の扉開閉機構を転用したもので、遠隔操作で動いたという。

ダブルデッカー

お嬢様は、乗ってはなりませぬ

東北新幹線E5系のグランクラス席がいいらしい。残念ながらグランクラスなど乗ったことがないが、私が今まで最上だと思ったのが、往年の100系新幹線のグリーン席だ。堂々たる体躯の新幹線2階建て車両。その上階をまるごと客室にして、通り抜け通路を下階に置いた。シートピッチも広く背もたれも分厚かった、このグリーン席で芸能人や野球選手が人目に触れることもなくリラックスしていたのを覚えている。それ以上に2階からの眺めはすばらしかった（当時は防音壁も少なかった）。たぶん、あんなに余裕のある新幹線車両は、今後はもう出てこないだろうなあと思う。そんな2階建て車両だが、日本ではあまり普及しなかった。わずかに近鉄特急ビスタカーが2階建て特急の代名詞となっていたぐらいだ。

ところが欧米では鉄道創生期から2階建てが存在した。その頃は「オムニバス」と呼ばれる乗合馬車がロンドンやパリを走っていた。この起源は15世紀のパリで、あの数学者のブレーズ・パスカルが創業した世界初の公共交通で、路線や時刻を決めてパリの街を走っていた。これがイギリスにも伝わり、1851年のロンドン万国博覧会のときには押し寄せる見物客をさばくため、

「オムニバス」と呼ばれる、２階建ての乗合馬車（B&O鉄道博物館）

御者の後ろの屋根に客を乗せたのが2階建て車両の始まりという。はじめは屋根に上がる階段もなく、御者席からよじ登って屋根の中心線に沿って背中合わせに座った。当時は2階席は1階席の半額で、その分屋根がなくて吹きさらしの貧乏人席だった。さらに階段から座席位置まで見上げる高さなので、スカートから余計なものが見えてしまい、良家の子女は「乗ってはならぬもの」だった。実際は「馬車ももてない没落貴族」と思われたくなかったようだ。そんな2階建て車両は当然のように馬車鉄道に引き継がれ、やがて路面電車にも2階席が設けられた。まだ地下鉄などないビクトリア時代のロンドンは、産業革命の結果としてすさまじい人口増加の過密都市になっていた。鉄道馬車も路面電車も乗せきれないほどの利用者が押し寄せ、公共の乗り物はダブルデッカーが基本型になっていった。これがロンドンバス（ルートマスター）やイギリス各地の路面電車に影響を与える。イギリスが統治した香港では、今も2階建てのトラムが名物だ。そして香港島と大陸側の九龍を結ぶスターフェリー（連絡船）も2階建てだ。さらに本家ロンドンのキングスウェイには、なんと2階建て電車の地下鉄！　まであった。

イギリス人のダブルデッカー好きは、筋金入りなのである。

貨物まで2階建ての国もある

ともあれ登場時の2階建ては〝いっぱい乗せる〟ことが目的だった。これは飛行機も同様で、過去にはオール2階建てのロッキードR6Vコンスティテューション（1942［昭和17］年・試作機）があったし、最大840席も可能な最新の巨人旅客機エアバスA380も2階建てだ。日本でも、100系新幹の後は、東北・上越新幹線に登場したE1系・E4系Maxが普通席もオール2階建てにした〝定員増量〟型だ。またJR東日本の215系も座席数を増やした2階建て電車として登場したが、首都圏の混雑ぶりには焼け石に水で、かえって乗降時間が余計にかかり評判はよろしくない。やはりダブルデッカーはのんびりゆったりと〝座ってナンボ〟の客車だと思う。

東海道本線をはじめとするJR東日本の首都圏の主要路線では、普通列車にダブルデッカーのグリーン車が連結されている

さて、話は飛ぶが、アメリカやオーストラリアの大陸横断鉄道には、ほとんどトンネルはない。トンネルを掘るぐらいなら、線路を何十キロも大迂回させて山脈を越えていく。しかも頭上に架線を持たない非電化路線にこだわる。その利点は現地で見てすぐにわかった。やってきた貨物列車がコンテナを2段積みで走っていたのだ。こうすれば一気に輸送量が倍になる、まさに「この手があったか」という感想だ。もっとも鉄道建設時にはコンテナなどはなかったと思うが、距離にこだわらない大陸の鉄道建設は、後年になって出力も格段に強力なディーゼル・エレクトリック機関車（ディーゼルエンジンで発電して電気モーターで走る方式）の登場で、貨物のダブルデッカーも可能にしたのだ。

パンタグラフと電車の起源

世界初の電車は、鉄道模型用だった

鉄道模型を作るとき、いちばん厄介なところは屋根の上のパンタグラフだと思う。パーツは細かく華奢なうえに、ぞんざいに作ると全体の雰囲気を壊してしまう。特にそそり立つパンタグラフがシンボルの電気機関車にとっては、おろそかにできない部分だ。もとよりパンタグラフは外部からモーターを駆動するための電気を取り入れる、一般の電車になくてはならない装置だ。

そんな電車の起源は、1834年にアメリカ人の発明家トーマス・ダヴェンポートによって考案された世界初の直流電動機に始まる。彼はコイルに電流を流すと起きる電磁石のNとSの反発力を、回転運動に変換する仕組み、つまり電気モーターを発明したのだ。そしてボルタ電池を搭載した直流モーターの機関車を作って、直径1・2メートルの円形レールを走らせた。なんと、世界最初の電気モーターが動かしたものは鉄道模型だったのだ。その4年後の1838年にはスコットランドのロバート・デビッドソンが亜鉛電池と原始的なSRモーター（永久磁石やブラシを使わないモーター）を搭載したトロッコを走らせた。もっとも、走ったというより〝動いた〟という程度だったが、デビッドソンの電動トロッコはこれにより世界初の「電車」の称号を得て

トラムに多い一本棹の集電装置、トロリーポール

いる。当時は電気工学の発展期で、すさまじい勢いで発明が相次いでいた。1842年には永久磁石と回転ブラシを組み合わせた発電機が開発され、1869年になると電磁石を使って高圧電流を起こすグラム式発電機も登場した。しかしながら鉄道動力への導入は、搭載する電池の限界から実用的なものはできなかった。このあたりは現在の電気自動車も同じだ。

電気はヨソから来たほうがいい

そして、1879年にはドイツのヴェルナー・フォン・ジーメンスによって、発電機から送られてきた電力を集電して走る方式の電車がベルリン工業展の会場で試みられた。その最初の試験電車は2・2キロワットのモーターを150ボルトの電力で動かす小さなもので、電気用のレールを線路脇に敷いて、台車部分から集電する

ジーメンスの試験電車は電気用のレールから集電する第三軌条方式だった

第三軌条方式だった。

当時、この方式に飛びついたのが蒸気機関車の煙に悩む各国の地下鉄道だった。1863年に世界で初めての地下鉄として開業したロンドンのメトロポリタン線は、蒸気機関車で運転されていたが1890年に電気機関車が第三・第四軌条から集放電する（だからロンドン地下鉄には線路が4本存在する）方式で走り始めた。ちなみにヨーロッパで地下鉄を意味する「メトロ」の呼び方は、ロンドンのメトロポリタン鉄道に由来する。東京メトロ銀座線のように地下鉄は、今もこの第三軌条方式が多い。そして1900年頃にパンタグラフが考案され、アメリカの電車によって実用化された。パンタグラフとは、パンタ（菱形）、グラフ（図形）という製図用具に似ていたので、この名前になったという。ともあれ、力学的に前進・後退どちらにも対応し、関節が長いので追従性能もいいパンタグラフは、トロリーポールのような一本棹の集電装置に比べて、格別の高速性能をもっていた。電気の通っている架線は宿命的に電柱の中間でたれさがるので、適度の上昇圧を保ったまま離線しにくいパンタグラフは爆発的に普及したのだ。ところで、よく考えると車体の一部分を集電のためにコスりながら走る電車とは奇妙な乗り物だ。ここだけ骨格をさらすようにして架線に接触しながら電気を取る菱形パンタは、改良を重ねて豪雪地帯の電車から時速２７０キロの３００系新幹線まで使われた。

しかし、いま造られている電車は、架線に対して追随性が高く、しかも折りたたみ高が低いシングルアーム形に代わっている。これにより、着雪量も少なく、小断面のトンネルにも入線できるようになった。ガニ股の菱形パンタグラフは大きすぎたのだ。Ｎ７００系新幹線のシングルアーム形はフレームに小穴を並べて騒音の低減を図るなど、さらに進化する集電システムだが、接触式の電力供給は時速４００キロぐらいが限界とされている。電車もこれ以上は磁気浮上式のリニア列車の出番になるという。

貧しさの知恵か、レールバス物語

線路の上の絶滅危惧種

鉄道車両の歴史を見ると、ごく初期の鉄道は、ほとんど馬車をつなげたような客車を機関車がけん引するスタイルだった。しかし、19世紀の終わり頃になると、座席をずらりと並べた鉄道客車になっていく。しかしながら、ローカル区間ではもっと簡単な鉄道車両がないか模索されていた。

「レールバス」の歴史は古い。欧米でも20世紀の初頭から、バス型の鉄道車両は数限りなく研究されてきた。しかし耐久性の問題や、なにより鉄道技術者の側があまり本気にならなかったために、余技のようなゲテモノばかりに終わってしまう。

日本でも1920年代には乗合自動車の動力装置を転用したバス型ガソリンカーが考案され、T型フォードのわずか20馬力のエンジンで、各地の中小私鉄をバタバタと走っていた。そのほとんどがバスのような片側運転台で、終着駅では車両の転回が必要だった。このあたりの車両群は鉄道会社単独でも改造できるほど簡単な構造だったため、昭和初期の地方私鉄では個性豊かな内燃車両が続々と現れた。今日の鉄道ファンにとっては神話のような時代である。

エルツベルグ鉄道のレールバス

しかし第二次大戦後、焦土となったヨーロッパでは復興のために手軽にできるバス技術を借りた気動車を造り始めた。イギリスはレールバス、フランスではオートレイル、そしてドイツではシーネンオムニバスと呼ばれ１９５０年代から１９６０年代にかけて、ヨーロッパの田舎はどこも食パンのような形をした気動車が動いていた。戦争がレールバスを復活させたのだ。

南部縦貫鉄道もレールバスだった

そんなレールバスを中心に動態保存しているオーストリアのエルツベルグ鉄道を訪ねた。ここは１９７８年まで鉄鉱石を運んでいた山岳鉄道で、廃止後も保存鉄道として旧西ドイツ国鉄で使われていたVT95型のオーストリアのライセンス生産型、ＯＢＢ５０８１をたくさん走らせているレールバスの巣だ。マニュアル６段ギアで１

レトロなレールバスが人気だった南部縦貫鉄道は1997（平成9）年に休止された

50馬力のディーゼルエンジンの車体はバスのようなまるみを帯びたモノコックボディーで、前後に折り戸式の扉をもっている。それでもさすが標準軌（1435ミリ軌間）なので車内は広く、全長14メートルながら56座席を誇る。ただし、ここがミソなのだが、車輪は2軸4輪だけで、走行中はわずかに首を振りながら進んで行く。通常の鉄道車両は前後にボギー台車を履く4軸8輪なのだが、祖先がバスなので車輪が4個で走らなくてはならない。つまり乗り心地は芳しくない。ともあれアルプスの絶景を走るエルツベルグ鉄道のレールバスは、オーストリア第2の都市グラーツからも近いのでおすすめです。

さて、日本でもドイツを参考にして1954（昭和29）年にキハ01形というバスを応用した気動車が造られ、木原線（現いすみ鉄道）を皮切りに北海道や九州の閑散路線で使われた。全長10・9メートル、定員52名、重量10・5トンというサイズでローカル線の活性化に役立った。しかし車体が弱く総括制御（増結）もできないことから生産も49両で終わり、１９６６（昭和41）年に引退してしまう。ところが１９６２（昭和37）年になって青森県の南部縦貫鉄道が富士重工製のキハ１０１・１０２というレールバスを導入し１９９７年まで走り続けた。いわばこれが戦後第1世代レールバスの終焉だった。

ところが１９８２（昭和57）年に富士重工がＬＥ―Ｃａｒというバス用エンジンを使った2軸4輪のレールバスを開発、国鉄赤字ローカル線の第三セクター化もあって、一時はローカル線の顔にもなった。しかしそれから20年以上もすぎると新たなレールバス開発も途絶えてしまう。やはり経年劣化がバス並みだったことと、主なユーザーが第三セクターだったために、車両更新にも税金が投入されて、貧乏くさい車両は敬遠されたからだ。

ふたたびローカル線も、鉄道車両本来の気動車に戻っていくだろうと皆が思った。しかし二度あることは三度ある。ご存じＪＲ北海道のＤＭＶ（デュアル・モード・ビークル）の登場だ。バス型というより、バスをそのまま線路に載せてしまう荒ワザで軌道と道路を走る次世代の車両。文字通り「レールバスとは俺のことだ」といわんばかりのＤＭＶ。歴史は繰り返すか、はたまたローカル線の救世主となるか。現在試験運行は終わっているが、今後が気になるレールバスである。

1本レール鉄道

低コストの夢を追った意欲作

鉄道は2本のレール、ほとんど疑いようのない常識だ。ところがこれを1本で済ませようというアイデアもあった。1本の軌道、普通に訳すとモノレールである。一般的な都市部のモノレールは沼地など線路を敷設できないところに軌道を設けようという一種の橋である。しかし、通常2本レールでなんの問題もないところを1本レールで行く、これが今回のテーマだ。今となってはなかなか理解しがたいが、鉄道の黎明期にはさまざまな可能性が試されたのである。

1907年、イギリス統治下のインド、パンジャブ州パティアラで1本軌道の鉄道が走り始めた。レールに載るのはダブルフランジの車輪で、側面に横転防止用の補助輪が設けられていた。考えたのはイギリス人ウィリアム・ソロルド（1798～1878年）という排水用の風車を設計していた土木技師だった。彼は1868年に、道路上に敷設できる1本レール軌道のアイデアをイギリス王位科学協会に論文で発表している。いわく、通常使われている道路にレールを1本追加するだけで、普通の鉄道と同じように輸送ができること。しかも最小半径を小さくすることができる上に荷馬車より重量物を運べるため、馬車に比べて輸送コストを80パーセントも減らす

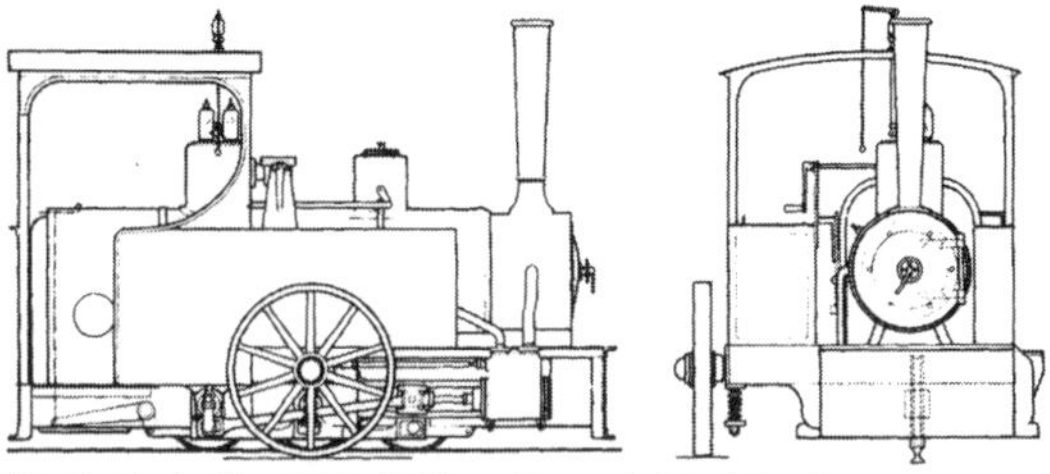
Side and front elevation of Orenstein & Koppel 0-3-0 monorail locomotive for the Patiala–Sunam line

パティアラ州立鉄道の蒸気機関車図面

ことができると主張した。しかし、あまりの奇抜さに本国では無理だったようで（論文にも開拓地向きと書かれている）、彼の死後に植民地のインドで実現したのだ。パティアラ州立鉄道では約80キロも1本レールが道路上に建設され、当初は水牛やラバがけん引し、1909年にはコッペル社の蒸気機関車も導入して本格的な鉄道として利用されたという。しかし、牧歌的なこの鉄道は、トラック輸送が発達した1927年に早くも廃止されてしまう。当時、このような1本軌道トロッコはユーイング・システムと呼ばれ、おもに工事現場で使われていたという。

ヨーロッパの1本軌道はあきらめない

ちょうど同じ頃、ドイツでは運河船のけん引用に、やはり1本軌道の電気機関車が実験されていた。

それ以前、船のけん引は馬の仕事だったが、これを機械動力にできないかと考えられたのだ。1898年、ドイツ北部のフィノル運河に1輪式ポール集電の「トライデルン」と呼ばれる電気機関車がジーメンス社によって製作された。重量は約2トンで、1000メートルの実験線を時速4・5キロで動いたという。ここでは旧来からの運河沿いの馬車道の邪魔にならないように、1本レールが試されたようだ。ちなみに普通の2本レールに第三軌条から電気を取る「ゲットゲン」式も試され、結局こちらが採用されて1945年までティトル運河で稼働していた。その際、試作されたトライデルン（不採用の機関車）は、ベルリンの「ドイツ技術博物館」にどかんと展示されている。

ジーメンス社によって開発された1輪式ポール集電の運河用電気機関車

このほか、アフリカなどにもあったという1本軌道鉄道だがスピードがあまりに遅く、ほとんどが短命に終わったという。ちなみにこのようなユーイング・システムは、重量の9割以上をレールが支え、補助輪の負担は1割以下だったという。

さて、歴史のかなたに消えたかと思われた1本軌道だが、思わぬところから復活した。それどころかヨーロッパでは新しい交通システムとして注目されている。

２００６年から走り始めたクレルモン・フェラン（フランス）の新型トラム、トランスロールは、１本軌道に追従して走るゴムタイヤ式路面電車で、レールはあくまでガイド役と割り切った設計。こうすることで、クルマと併用することが多い路面軌道のスペースを最小にできるというメリットがあるのだ。ところで、このクレルモン・フェランは世界有数のタイヤメーカー「ミシュラン社」のある街。だから、路面電車もゴムタイヤを使わなくてはいけないという事情もあるようだ。

またドイツ・ボンバルディア社が開発したＴＶＲという都市型トラムは１本軌道かつ、架線のない場所も走れるよう発電エンジンを搭載した意欲作。フランスの都市ナンシーで実用化したが、トラブル多発で先行きが危ぶまれている。このように１本軌道トラムは特殊なシステムのため、中古電車の使いまわしなどができず、結局高コストになるというジレンマも抱えている。

ところで１９６２年、パティアラの１本レール蒸気機関車がインドのスクラップ置き場から発見され、現在は修復されてニューデリーの国立鉄道博物館で動態保存されている。

畜力・人力・風力鉄道

犬も引っ張った森林鉄道

平滑なレールの上をころがって進む鉄道の車輪は、同じサイズのゴムタイヤと比べても約20分の1のエネルギーで物を運ぶことができる。登場以来約500年（多分）を経てなお、鉄道は陸上交通では最もエコロジカルな運搬手段なのだ。その動力は古来よりさまざま試されたが、やはり最初は人力だった。中世の中央ヨーロッパの鉱山では、狭い坑道の中で体の小さい女性や子供たちが軌道トロッコを動かしていた。

私もある雑誌で京都府丹波地方の小さな砥石鉱山を取材したとき、くず石を坑道から捨てるために鉱車を押したことがある。そこは外科医や上方割烹の板前が刃物を研ぐ高級砥石を産出する鉱山だったが、坑口まではエンジン動力のウインチで引き上げ、そこからズリ捨て場まで10メートルほど押した。たったそれだけでも大変だった。押すより下り坂で止めることに苦労したのだ。もとより総重量数百キロのトロッコをシロウトが操るのは難しい。このようなトロッコは車両のサイズが大きくなるとロバやラバといった動物が使われ、やがて必然的に馬の登場となる。ヨーロッパの炭鉱では、何年間も地底で働かされる哀れな馬が数多くいたという。

砥石鉱山のトロッコ。京都府の山中にある

　そして鉱山だけではなく、馬車鉄道は18世紀に蒸気機関車が発明されるまで全世界に普及した。日本でも大都市の路面を馬糞だらけにしながら走っていた。京王電鉄の軌間１３７２ミリは、かつて乗り入れていた東京馬車鉄道の２頭立て馬車の軌間を踏襲したものである。今でも札幌市にある「北海道開拓の村」では、園内の大通りで道産子が引く５００メートルほどの馬車鉄道が運行されている（冬季を除く）。乗務する車掌姿の女性に聞くと、道産子たちは「いつも同じカーブで糞をする」と話していた。

　それはともかく、アジアでは牛や水牛がトロッコを引き、高知県の森林軌道では犬ぞりならぬ犬力貨車もあった。さすが闘犬の土地柄である、と感心していたら宮崎県や木曽地方の森林鉄道でも犬によるトロッコけん引が行われていた。空になったトロッコの押し上げに2～3頭の大型犬を使い、下るときは材木の上に乗せる風景が昭和30年代まで見られたという。

乗ってみたいぞ、ヨット型トロッコ

1891（明治24）年、静岡県の藤枝市で小さな鉄道が開業した。藤枝焼津間人車軌道という、人間が押して貨物や乗客を運ぶ鉄道だった。すでにこの頃は、蒸気機関による動力鉄道が一般化している時代にもかかわらず、なぜか日本ではこのような人力軌道が出現し、しかも全国に普及していった。以前にも駕籠《かご》や人力車という交通手段があり、近代に逆行するような人力交通はけっして奇異なものではなかったのだ。その最も有名な存在が小田原と熱海を結んだ豆相《ずそう》人車鉄道で、全長25・3キロを3～4時間かけて走った。ここはのちに蒸気機関車による軽便鉄道となったが、その改軌工事の情景を舞台にしたのが芥川龍之介の小説『トロッコ』だった。全国に29カ所もあった人車軌道は、1955（昭和30）年まで運転されていたというから驚きだ（島田軌道、休止ののち、1959［昭和34］年路線廃止）。

さて、最後に紹介するのは究極の自然エネルギー、風力だ。地球上にはいつも一定方向に強い風が吹いているところがあり、ごく一部で風力トロッコが存在した。19世紀末に、イギリス南部

ドーバー海峡周辺の強風地帯で走っていた風力トロッコ

のドーバー海峡周辺のいくつかの軌道で試されたようで、無蓋トロッコにマストを立ててヨットのように走行した。なかには三角形のジブ・セールを備えたスクーナー？　まであった。

「セール・ボギー」や「セール・トロリー」と呼ばれたトロッコはさらに1カ所だけ、とてつもなく離れたところにもあった。南大西洋に浮かぶイギリス領フォークランド諸島（アルゼンチン沖）のポート・スタンレーでは、20世紀初頭まで港と無線局を結ぶ軌道に世にも不思議な帆かけトロッコが帆走していた。海軍の水兵たちが風に目をつけて自作したようである。しかし、本当に効果的だったかどうかは、よくわかっていない。

秩父鉄道の電気機関車に乗った

本当の仕事は石灰岩輸送

「重さはざっと1000トンですね」。案内役の秩父鉄道運転課の担当者は言う。

埼玉県の秩父鉄道は、私鉄には珍しく貨物列車が頻繁に運転されている。運ぶものは石灰石。というか、もともとこの路線は、秩父地方で採れる石灰石のために建設された根っからの鉱山鉄道なのである。その電気機関車に同乗するため秩父鉄道本線の武川《たけかわ》駅に来た。構内には「ヲキ」という鉱石貨車がずらりと並ぶ。久しぶりに見る黒々とした貨車に、古武士の風格を感じてしまう。

「ヲキ1両で35トンの石灰石を積めます。貨車の自重を含めると50トン」。これが20両編成なので、あわせてけん引重量は1000トンになるのだ。

秩父鉄道を走っている旧西武鉄道新101系電車（ここでは6000系）は3両編成で約90トンだから、鉱石列車がいかに重いか、ということがわかる。

やがて三ヶ尻《みかじり》駅発影森《かげもり》行きの鉱石列車が武川駅に進入してきた。ちなみに三ヶ尻駅は貨物駅なので、一般の時刻表上に名前はない。列車番号は7403列車、空の貨車を「太平洋セメント三

石灰石専用貨車ヲキが20両連なり、合わせて1000トンものけん引重量になる

輪鉱山」に回送する列車である。ブルーに塗られたデキ303のデッキから乗り込む。この電気機関車は1967（昭和42）年日立製作所製、全長12・6メートル、重量50トン、総出力920キロワットで、JR貨物の電気機関車と比べると小ぶりに見えるが、私鉄保有の機関車としては最強クラスなのだ。さらに前後にデッキをもつ機関車は全国的にも珍しいが、秩父鉄道の19両ある電機機関車はすべてデッキ付き、ここに貫通扉があって運転席に出入りする。「この人はね、秩父鉄道の運転士ではいちばんのベテラン」と紹介されたのが、運転席の石川元治さん。煮しめたような帽子がカッコいい。

止まらず走らず、貨物列車の地雷原

20両連結した貨物列車は機関車も入れると全長160メートルにも達する。空荷とはいえ300トン近い重量

1000トンもの列車を自在に操る運転士の石川元治さん

もある。これをけん引するデキ３０３の運転台は大人３人でいっぱいの狭さだ。電気機関車独特の左手操作（電車は右手）の大きなコントローラーがひときわ目立つ。

石川運転士はブレーキを解除し、直列９段のノッチを小刻みに上げていく。背中の機械室からのガーッという音が大きくなって貨物列車はしずしずと走り始めた。「踏切が多いから」と石川運転士の左手は、常に警笛の上に置かれている。

走りは重厚そのもの。加速も緩いがそう簡単に止まらんぞ、とグイグイ押し出すような前進ぶり。なにしろ背負った荷物が違うのだ。しかし秩父鉄道は単線の上に性能がまったく違う電車、さらに蒸気機関車（パレオエクスプレス）まで走る。そのスジをよけるための構内徐行や運転停車も頻繁だ。そのため待避線のある有人駅が多く、地方私鉄の中でも古い鉄道の風景を保っている。それもこれも複雑なダイヤグラムをこなすためなのだ。

「駅構内には時速４・２キロでＡＴＳ（自動列車停止装置）が作動するところもある」

１０００トン列車を歩くほどの超徐行にさせる技は「会得するのに10年かかる」とか。うかつにＡＴＳを作動させると全ブレーキが働き、「エア（空気圧）が回復するのに時間がかかって他の運転士に見られたくない」状況になるという。石川運転士は「地雷（ＡＴＳ）がいっぱい埋まっている」と笑う。貨物列車はその重さゆえに止まると厄介だ。牛のように座り込んだ列車を走らせるために、「ブレーキをかけたままバックして連結器の遊びを縮め、その反動を利用して発車する」といった機関車ならではのテクニックは、今でもカラダで覚えるしかないという。

かように〝腕の見せどころが多い〟電気機関車には通常、運転士しか乗務しない。

しかし列車ダイヤやＡＴＳをかいくぐりながら、桁外れの重量物をたったひとりで運ぶカタルシスは、「電車の運転よりずっと面白い」（石川さん）という。

取材した日はダイヤの都合で列車を影森駅に留置することになった。運転区にもどるため普通電車に乗った小柄な石川運転士は、とても１０００トンを運ぶ男には見えなかった。それがとてもダンディーに思えた。

第 6 章　モノの箱

Tools

手旗と信号

声より確実な現場の手段

注意事項をひとつ。ホームで列車を見送るとき、別れのハンカチを振りたくなっても、赤はやめたほうがよろしい（今どきそんな人はいないか）。場合によっては、列車が急ブレーキをかけて止まってしまう。鉄道施設内で激しく振られる赤旗は、ほぼ全世界共通で「緊急停止」を意味するからだ。今も昔も、駅員や車掌が持っているモノの中でも重要な役割を担っている小道具に、手旗（合図旗）がある。木製の柄に赤や緑の派手な色彩の小旗がつくもので、ホームでの扉の開閉や列車の連結開放などで、運転士への合図に欠かせない道具になっているのだ。

よく見かけるのがホームの駅員が持つ赤の手旗で、列車の進入や発車を監視するときに列車に対して送る合図に使われる。面白いのが、その旗の持ち方によって意味が異なることで、赤旗をわしづかみのように絞った状態で持つときはニュートラルで、扉の開閉など、安全確認ができたときにはこの絞った状態で列車に合図する。逆に異常があるときには広げて合図することで列車を停止させる。駅員が柄に巻きつけず、絞った状態で持っているのは即座に旗を広げるためなのだ。また列車の連結や解放作業を行うときは、赤旗と緑旗の2本を使って運転士に赤（停止）、緑

ＪＲ津軽線三厩駅では、今でも駅長が緑旗の手信号で列車を発車させる昔ながらの風景が見られる

（進行）のタイミングを合図する。当然ながら旗を使うのは昼間だけで、夜間は信号灯を使ってきた。最近ではトランシーバーで合図する鉄道も増えたが、万一のために必ず赤と緑の手旗は駅や列車に常備している。

自動信号機が普及する以前は、ホームの駅員が緑旗を振って運転士に発車ＯＫを伝えていたが、ＪＲ津軽線の三《み》厩《んまや》駅では、ＪＲ海峡線が分岐する新中小国信号場との間が自動化されていないため、今でも駅長が緑旗の手旗信号で列車を発車させる、昔ながらの風景が見られる。

ナポレオンの旗信号

このように旗による通信は鉄道以前からもあって、江戸時代の中頃には大坂の米相場を各地に知らせるた

柄の短いニュージーランドの手旗は、布を振っているように見える

めに約3里（12キロ）から5里（20キロ）ごとの山上に旗振り場を設けて、大きな旗を振って通信した。その通信ルートは関東や九州にまで延びていたという。最初はあらかじめ相場の上げ下げと金額だけの通信内容だったが（これが早くわかれば大儲けができる）、熟練した旗振り師たちが晴天時に通信を行うと、大阪から和歌山までわずか3分、広島までは27分で通信できた。

この旗振り通信は幕府の禁制行為だったが、幕末の動乱期にはおおいに活用され、電話が普及する大正時代まで存在していたという。今でも各地に「旗振山」「相場山」といった地名が残っている。

さらに脱線するが、18世紀のフランスでは見通せる距離ごとに2つの関節をもつ腕木式の信号塔網が国営で整備され（時計職人で有名なブレゲも腕木通信機の開発に参加した）、その総延長は600キロもあったという。電話が登場する以前に膨大な係員が配置された人力通信局があったことも驚きだが、これを使うと約8分間でフランス全土に通信が可能だったという。この通信システムの有効性に気づき、最も活用したのがヨーロッパを席巻した英雄ナポレオンだった。その頃、腕木通信はテレグラフやセマフォアと呼ばれ、テレフォン（電話）やセマホア（欧文手旗信号の呼び方）の語源になっている。ここまで読めばおわかりだと思うが、鉄道の腕木式信号機はこの腕木通信を応用したものだった。

さて、手旗の話に戻すと、国鉄時代から鉄道で使われる合図旗を「フライキ」と呼んでいた。これはフラッグが訛ったものとされている。ちなみに船員用語でも手旗のことを「フライキ」と呼び、漁船では「富来旗」と当て字をして大漁旗を意味する言葉になった。また阪神電鉄や近畿日本鉄道では白旗も使うなど、鉄道会社ごとに使用法も若干異なっている。この手旗はアメリカではかなり大きなものを使っているが（しかも6色もある）、イギリス系の鉄道では柄が短いものが使われ、ほとんど布幅だけで柄は見えない奇妙な旗になっている。国内では南海電鉄が同様のものを使っているのも興味深い。

サボと灯油ランプ

ホームで行われた明るい仕事と重い作業

明治時代、西洋文明が日本に入ってきたとき、「指導」を受けた国の言葉が現場の用語として定着していった。たとえば医学はドイツ、芸術はフランス、そして鉄道や船舶はイギリスといったように。列車に表示する交換式の看板を、鉄道現場では「サボ」と呼んでいるが、これは英語の「サインボード」または「サイドボード」を縮めた略語だという。さて、日本では列車の行き先を表示するためのサボをいつから掲げたかの記録はないが、鉄道の本家、イギリスのヨークにある国立鉄道博物館には膨大な古サボのコレクションがある。おそらく〝汽笛一声〟の頃から列車の付帯設備としてあったものだろう。列車に取り付けられるサボにはさまざまな形式があったが、主には客車中央部の窓の下に掲げられた横長鉄製のサボに行き先や区間が示された。また先頭車前面に掲示される四角いものやドアの近くに掲示される号車番号などもあった。広い意味ではヘッドマークもサボの一種といえるだろう。

もとよりサボは風雨に容赦なくさらされる運命にある。明治期には耐久性のある塗料がなく、ガラス質の釉薬を焼き付けるホーローのサボが使用された。そんなホーロー製は艶もあって美し

特殊な書体だった島原鉄道のサボ。2008（平成20）年まで加津佐駅まで運行していた

く、今でも鉄道愛好家の間では人気がある。しかし、長大編成が多かった客車列車が折り返し駅で行き先が変わるとき、重いホーローのサボを何枚も抱えて交換するのは重労働だった。なにしろ各車両の左右に最低2枚は必要なのである。このため、ホームの階段裏などにはラック式のサボ入れがあって最短距離で入れ替える工夫もされていた。以前、バンコクの長距離列車が発着するフワランポーン駅では巨大なサボ入れを見たことがある。

夜行列車は暗くて煙くてススまで降った

ついでに書くと、列車が停車中に行う作業はほかにもあった。客車は機関車にけん引されているため、それ自体に動力・電力がなく、夕方になると客車の屋根に乗った男たちが天井のルーフ・ランプ・ケース（つまり穴です）から灯油ランプを差し込んでいたのだ。夏目漱石の小説

夕暮れになると駅夫がランプ小屋から運んだ油灯を屋根から差し込んでいた（鉄道博物館）

『三四郎』にも、主人公が九州から上京するとき「駅夫が屋根をどしどし踏んで、上から灯のついた洋燈《ランプ》を挿し込んで行く」という描写がある。明治時代の中頃までは夜間走行時になると照明は灯油が頼りだったのだ。このため駅のホームにはレンガ積みのランプ小屋（危険物庫）があって、日没時にやってくる列車にランプを装着していた。ちなみにJR奈良線の稲荷駅にあるランプ小屋は1879（明治12）年建築という現存する最古のものだ。もとより、多数の列車が走っている幹線ではそれこそ駅ごとにランプ小屋があって、ランプの装填と回収が朝晩の大切な仕事だった。しかし明治30年代になると、イギリスからストーン式というベルト駆動の車軸発電機が導入され、灯油ランプの3倍もの明るさがある電灯が車内を照らし始めた。

しかし旅客列車に電灯が普及したのは実際には大正時代になってからで、灯油ランプの時代は長く続いたのだ。汽車旅は機関車の煙とともに、ランプのススも乗客に降りそそいだ。

ふたたび話題をサボに戻そう。当初はホーロー製だったサボもやがてペンキ塗りに変わり、そして軽いプラスチック板も使われるようになった。しかし、列車と一緒に移動するため、ダイヤ改正のときは、担当職員はサボの「運用計画」にも頭を悩ませたという。このあたりは灯油ランプも一緒で、鉄道現場では人員や車両だけでなくランプからサボまでややこしい方程式を解くような運用がなされていたのだ。とはいえ国鉄末期にはサボにも地方色が出て、四国では路線ごとに地色が異なるなど旅情を感じさせる小道具にもなっていた。現在はサボを装着できる車両もしだいに減少している。キハ40形が走る北海道やJR五能線・八戸線のほか、津軽鉄道のストーブ列車がそうだ。関東ではJR烏山線や、旧型気動車が現役の小湊鐵道やいすみ鉄道、ひたちなか海浜鉄道などに見られるだけだ。

日付印字器と切符の番号

どうやって運賃を計算するか？

さて、皆さんはこの機械を知っているだろうか。たぶん都会で育った40代以下の人は、これがリアルに使われている現場を知らないと思う。鉄道現場では長らく「ダッチング・マシン」と呼ばれていた日付印字器である。なんだかDATINGMACHINEをローマ字読みしたような呼び方だが、かつて切符が厚紙製の硬券が主流だった頃、出札口で切符を買うと、駅員がこの不思議な機械に切符を通すとガチャンというメカニカルな音を発して日付がスタンプされた。これにより、ただの厚紙が乗車券として効力を発する儀式めいたマシンだった。だから「デーティング・マシン」とスマートに言うより「ダッチング」のほうが武骨な感じが伝わってくる。

ともあれ乗車券には乗車距離に応じて有効期間があり、日付があってこそ通用するルールがある。あらかじめ印刷してある乗車券に日付をつける機械は、３×５・７５センチの硬券切符を考案したイギリスのトーマス・エドモンソン（１７９２〜１８５１年）によって作られたとされている。

さて、欧米では〝世界最小の契約書〟とも呼ばれた鉄道の切符だが、鉄道史的には、この小さ

昭和40年代には、菅沼式乗車券日附器に代わって天虎工業製の日付印字器が普及した。旧松代駅（長野電鉄）

な厚紙が鉄道経営にとてつもない貢献をしたのだ。

イギリスで鉄道会社が誕生した当初は、乗合馬車で使われていた手書きの乗車券だった。駅では6枚つづり（イギリスは12進法なので6がひとまとめの単位）の乗車券を冊子のように綴じて、切符が売れると手書きで記入し半券が残る仕組みだった、つまり半券の冊子が10冊残れば60枚売ったことになる。発券や手配をブッキングというのはそのためだ。しかし、この方式は発券に手間がかかった。当時は発車5分前には客車の扉を閉めてしまうため、発車直前の客に乗車券を発行することが難しかった。

硬券切符で財を成した駅長

ここに元家具職人だったエドモンソン氏が登場する。彼は1836年にニューカッスル&カーライル

南島原駅（島原鉄道）のエドモンソン式硬券切符。駅ごとにずらりと並んでいた

鉄道の小駅ミルトンの駅長になったとき、厚紙の紙片に発駅と到着駅と金額を印刷して乗客に手渡して乗車券とすることを考案した。厚紙には通し番号（券番）が書かれていて、当日朝の番号から減った分だけ売れた数がわかる仕組みだった。乗客と一緒に旅をした厚紙は着駅で回収され、後日正当に使われたか審査された。つまり券の番号で販売管理ができる方法を開発したのだ。これによって乗車券の発行が圧倒的に簡略化された。日付印字器もここに登場する。券番とともに使われた日付も重要な情報だからだ。番号・日付・区間・料金。極端に簡略化された情報でシステマチックに管理する。彼はこの硬券切符のために日付印字器や、切符に穴を開ける（入鋏する）改札鋏の特許も取り、当時続々と新開業する鉄道会社に採用されて財を成したという。エドモンソン式は、不特定多数に同じサー

ビスをするという鉄道に適した方法だったのだ。もうひとつ言えば、無記名で旅ができる匿名性が鉄道の大きな特徴になっていく。

すでに世界に広まっていたエドモンソン式の硬券切符を採用した日本でも、差し込んで人差し指でスタンプする日付印字器が各駅に置かれていた。このため出札係の指には、みなスタンプだこができていたという。そんな駅員の指を救ったのが和文タイプライターを完成させた菅沼整一（1894〜1958年）で、昭和初期に切符をスライドさせるだけで簡単に印字できる「菅沼式乗車券日附器」を開発、昭和30年頃までは全国の出札口を独占していた。その構造は左右に通過する切符を上下からスプリング圧で挟んで印字するシンプルなものだった。昭和40年代になるとインクを補充するだけで大量の切符を素早く処理できる完成度の高い天虎《てんこ》工業製が登場、急速に切り替わっていく。

筆者は台湾のローカル駅で天虎製があるのを見たことがある。日本製の日付印字器はエドモンソン式硬券切符が使われている各国にも輸出されていたようだ。そんな出札口でひときわ存在感のあった日付印字器も、ICカードや自動券売機の普及などで急速に需要が減り、現在は生産されていない。

鉄道時計と標準時

だめな時計を一掃した男

今では使われることが少なくなった懐中時計だが、運転士にとっては、資格試験をパスすると会社から支給される懐中時計形の鉄道時計は、まさに運転士の証しだ。シンプル極まりないデザインの鉄道時計だが、一般に販売されている懐中時計に比べるとひとまわり大きく、ずしりと重い。

ところで鉄道車両には、一般に計器として固定されている時計はない。かわりにこの鉄道時計を置く〝窪み〟が見やすいところに開いている。つまり、運転士は乗務前に整正（鉄道では時計合わせをこう呼ぶ）した自分の鉄道時計に従って列車を運転するのが原則だ。何千人も乗っている通勤電車も、あの小さな時計によって走っている、そう思うと大した機械だ。だから運転台でも時計には別格の地位が与えられているのだ。

この鉄道時計の起源をたどると、開拓時代のアメリカに行きつく。当時の機関士はロクな時計を持たず、なかには教会の鐘を頼りに列車を走らせた者もいたという。しかも熱と振動の激しい蒸気機関車の運転台で正確に動く時計など、荒くれ機関士の給料では望むべくもなかった。このため、時刻誤認による鉄道事故が頻発して社会問題になっていた。

ボールウォッチを筆頭とする「レイルロード・グレード」の懐中時計は高品質の代名詞にもなった（B&O鉄道博物館）

１８９１年４月19日、クリーブランド郊外の「レイクショア&ミシガン・サザン鉄道」キプトン駅で、列車の正面衝突事故が発生した。原因が機関士の携帯時計の狂いと判明したため、鉄道当局はクリーブランドの時計屋の主人に調査を依頼する。その男がウェブスター・Ｃ・ボールで、彼はこの鉄道で使われているすべての時計を調べたところ、なんと70以上もの時刻を指していることに驚愕した。そこで彼は厳格な時計の規格と検査方法を制定した。オープンフェイス（ふたがない）で秒針調整機能つき。竜頭巻きで白地にアラビア数字で黒く太い針、週間誤差が30秒以内。すべての時計は定期検査を受けなくてはならず、検査に合格した鉄道時計は職員に貸与され、ワシントン海軍天文台の標準時に合わされていたという。１８９３年制定の、この鉄道時計規格によって列車は格段に定時制を増し、この基準に合致した「レイルロード・グレード」の懐中時計は高品質の代名詞にもなった。彼が立ち上げたボールをはじめウォルサム、エルジン、ハミルトンといった鉄道時計によって〝時間は鉄道員に聞け〟というまでに信頼が高まった。アメリカ最大のボルチモアの「Ｂ＆Ｏ鉄道博物館」では、鉄道史上の大きな出来事とし

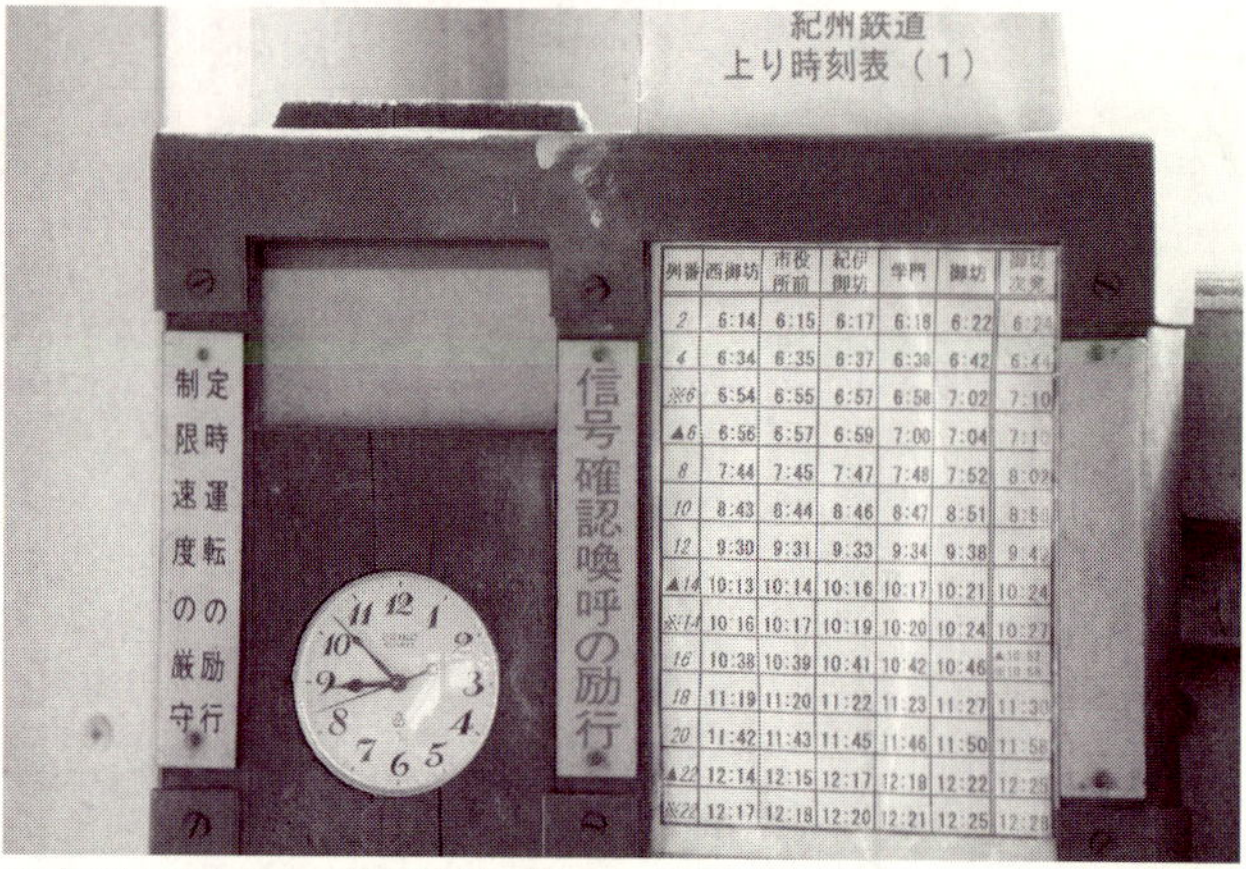

日本ではアメリカの鉄道時計を踏襲した精工舎（現・セイコー）の19型が正式採用された（写真は紀州鉄道）

て鉄道時計だけの展示室が設けられているほどだ。

鉄道延伸と標準時の成立

ここで、ちょっと脇道にそれるが、19世紀にイギリスで実用化された鉄道では、路線が延びていくうちに列車時刻で問題が生じた。当時は太陽が子午線（その地点から見て赤道と北極点を結ぶ最短の南北線）を通過する時刻を正午としていたため、列車が東西に移動すると「時差」が生じるのだ。これはロンドンと郊外のオックスフォード間で5分ほどもあり、列車の運用上も大きな問題となった。その頃は駅長がローカルタイムからロンドン時刻を換算表から割り出していた。

つまり駅には2つの時計があったのである。さらに1839年に有線電信が鉄道駅間で実用化すると、瞬時に信号や情報が伝達されるため、各地ばらばらの時刻では立ちいかなくなってきた。このため１８４０年に「グレート・ウェスタン鉄道」で初めてグリニッジ標準時（ＧＭＴ）を使ったタイムテーブルが作られた。やがて鉄道だけではなく、電報を扱う郵便局などからも標準時の必要性が叫ばれ、各地方の公共クロックセンターの役割を果たしてきた教会神父たちの抵抗を排して（教会には大時計があり、時刻によって鐘を鳴らしていた）、１８８０年になってイギリス本土が世界で初めて単一の標準時とすることが決められた。つまり各国の「標準時」は鉄道の発展とともに制定されてきたのだ。

さて、明治以来輸入時計に頼っていた日本の鉄道だが、１９２９（昭和４）年に鉄道大臣令「時刻管理ハ、全テ国産ノ時計デ行フベシ」として、アメリカの鉄道時計を踏襲した精工舎（現・セイコー）の19型が正式採用された。この鉄道時計も堅牢で正確だったため、１９７１（昭和46）年まで製造される超ロングセラーとなった。現在のセイコーの鉄道時計は１９７８（昭和53）年にクオーツ化されたものだが、耐衝撃性を高めるために針を動かす出力トルクの大きな専用ムーブメントを開発している。

このように、止まったり狂ったりすることが許されない鉄道時計は、誕生から１００年以上経た今でも、一般の時計よりもはるかに高いハードルが課せられているのだ。

古レール趣味

限りなく奥深い線路の迷宮

「カーネギー」「ユニオン」「テネシー」。これは駅のホームの柱などに使われている古レールの側面に見られる刻印である。そんなものがあるのか？　とお思いの諸兄で東京地方在住の方なら御茶ノ水駅のホームや柱を丹念に見ていただきたい。それこそ無数の鉄道レールが使われていることがわかるだろう。明治・大正の頃、建築用の鉄材として古レールはその頑丈さと豊富さで極上の建材だったのだ。かつて鉄道以外でも、赤坂離宮修復の際には古レールが大量に見つかったという。そして多くの場合、日本の鉄道創生期に輸入された舶来モノが、御茶ノ水駅など、都会の駅などでも容易に見ることができるのだ。

「レールは製造メーカーと製造年を刻印するのが決まりなんです。これを見始めると面白い。たとえば『カーネギー』とはアメリカの鉄鋼王の名で、あのカーネギーホールに名前を残しています。『ユニオン』は古いドイツの製鉄組合のこと、このあたりは明治時代に輸入されたものです」と旧知の古レール趣味の達人は言う。その刻印も子細に見ると、納入する鉄道会社や、荷揚げする港の名まであったりして興味が尽きない。ルクセンブルクやポーランド、ベルギーなどの名も知らぬ製鉄所のレールが、地方の小駅で見つかったりするのも刻印調べの楽しさだ。

しかし、これらのレールが日本国内で実際に線路として使われたものかどうかは定かではない。それというのも、国内の製鉄産業が未発達の明治・大正期には、日本の輸入品目の大きな部分を鉄くず（スクラップ）が占めていたからだ。新日本製鐵の社史（1981［昭和56］年）にも「操業開始（明治34年）から戦後10年ぐらいまでの約半世紀にわたる鉄屑高度依存時代」と書かれている。その頃はスクラップとして古レールを扱う貿易商人もおり、アメリカの大陸横断鉄道が線路を交換したときなどは大量の古レールを建築材として輸入したという。さらに言えば太平洋戦争の引き金になったのもアメリカによる石油と鉄くずの対日禁輸だった。このあたりからも資源のない国が世界に伍していくために、必死に鉄くず集めをしていた姿も見えてくる。さらにサハリンを旅したときに、日本統治時代に敷設された八幡製鐵所のレールを見つけたことがある。おそらく、朝鮮半島や台湾、旧満州にまで日本製レールが残っていると思う。

曲がらなくなったレール

しかし1960年代になると、鉄道レールを重量化（太く）したり、焼入れ技術の向上やクロームモリブデンなどの添加でさらに強度が増したため、おいそれと加工することが難しくなって

JR桜木町駅の駅頭にある「鉄道創業の地記念碑」には、開業当時の双頭レールが使われている

JR阪和線の紀伊中ノ島駅（和歌山県）には、波形に加工したレールが装飾的に使われている

しまった。戦後はストッキングと鉄道レールが、格段に強くなった。つまり、ホームの屋根などに使われている古レールは、加工しやすい１００年を経たものが一般的なのだ。そんな目で見ると歴史を刻んだ鉄道の駅は古レールに満ちているのがわかるだろう。

そこで、実際に国内で使われた最古のレールはどこで見られるか、と探してみると切断面の上下が同じ形をした双頭レールに行き着く。これは、片側がすり減ってもひっくり返せばもう片面が使えるというレールで１８３７年にイギリスで発明された。１８７２（明治５）年の新橋〜横浜間開通時にはこのイギリス製双頭レールの上を陸《おか》蒸気が走ったのだ。現在、ＪＲ桜木町駅の駅頭にある「鉄道創業の地記念碑」には、さりげなく開業当時の（たぶん）双頭レールが使われている。

ちなみに双頭レールはアイデア倒れだったようで、日本では明治時代の間に交換されイギリス本国でも短期間で消えていく。ただし筆者は、インドで双頭レールの柵を見たことがある。

このようにレールの素性を解き明かす楽しさもあるが、さらには古レールを装飾的に使っている駅も探したい。たとえばＪＲ阪和線の紀伊中ノ島駅（和歌山県）では、どういうわけか波形にレールを加工して遊んでいる。またＪＲ山手線の田端駅や日暮里駅（東京都）にも凝ったレールの装飾が残る。そんな駅の殺風景さを和らげるようなレールの曲線には、武骨な優しささえ感じられる。

さりげなく残る異国製の古レールは、はるかな旅路の果てに、まだ役割を果たしているのだ。

あとがき

イギリスのノッティンガムを訪ねたとき、目的である17世紀の「ウォラトン軌道」のほかにもたくさんの鉱山軌道が近くに存在していたことがわかった。しかも、そのほとんど今もフットパスという歩行者専用道になっていて紳士淑女の散歩道として利用されていた。この国では古来より人々が通行していたルートには、そこが私有地であったとしても「ライト・オブ・ウェイ」という通行権があって通り抜ける自由が尊重されているのだ。

山口県益田市に「益田索道」という長大な架空索道があった。1951（昭和26）年に廃止されるまでは、益田まで材木を搬出するための公共索道で膨大な量の鉄道の枕木材が運ばれた。その現地を歩いた時には山口県警のパトカーになんども職務質問を受けた。索道を調べていると話すと「なぜ、調べるのか」と執拗に聞かれる。私の人相に少なからず問題があるのは認めるものの大学教授でもなく、また博物館の学芸員でもない一般人がモノを調べるとき、ほとんど不審人物の扱いを受ける。これはイギリスがよくて日本がいけないとか、そういうことではなく調べることによって世界に領土を獲得していったイギリスと、ある意味隠すことで国を守った日本という国の違いが表れたことかなとも思った。もっとも、そのときの警察官には索道跡らしき構造物を何カ所も教えていただいた。人に聞くときは誰であれ愛想と愛嬌は必須なのだ。

本書は2006（平成18）年からの『にっぽん列島鉄道紀行』（JTBパブリッシング）や2010（平成22）年からの『人気列車で行こう』、『神奈川新聞』、それ以前の月刊誌『ラピタ』（いずれも小学館）、そして『男の隠れ家』（旧あいであらいふ）に連載していた記事を大幅に加筆したもので、ノッティンガムの図書館でおびただしい古地図を見せていただいた職員のおばさんをはじめ、取材に協力していただいた方々、それに、ゼロに近い読者の反応も気にせず連載を続けてくれた各雑誌の担当者にも感謝したい。また、新書化にあたっては交通新聞社の萩原友香さん、土屋広道さんにもご尽力いただきました。ありがとうございました。

2014年7月　杉﨑行恭

主な参考文献（順不同）

『DE RE METALLICA』Georg Agricola（1556年）
『EARLY COAL-MINING AROUND NOTTINGHAM 1500-1650』Richard.S.Smith（1989年）
『ELECTRIFICATION BY GE Bulletin 116 of Central Electric Railfans , Association』（1923年）
『HAWAIIAN RAILWAY ALBUM』The Railroad Press 1〜4（2005年）
『JIM THORPE』John H. Drury and Joan Gilbert（2001年）
『MINING IN THE EAST MIDLANDS 1550-1947』A.R.GRIFFIN（1971年）
『Railway Buttons , Badges & Uniforms』David J. Froggatt（1986年）
『THE PICTORIAL ENCYCLOPEDIA OF RAILWAYS』Hamilton Ellis（1968年）
『アメリカ鉄道業の展開』小澤治郎（ミネルヴァ書房・1992年）
『アメリカ鉄道創世記』加山 昭（山海堂・1998年）
『アメリカ鉄道物語』小野清之（研究社出版・1999年）
『アルプス登攀記』エドワード・ウィンパー著・浦松佐美太郎 訳（岩波文庫・1936年）
『アメリカは歌う』東 理夫（作品社・2010年）
『駅のはなし』（成山堂書店・1994年）
『関東大震災と鉄道』内田宗治（新潮社・2012年）
『検証 アメリカ500年の物語』猿谷 要（平凡社ライブラリー・2004年）
『建設はじめて物語』清水慶一（大成建設・1994年）

『国鉄乗車券類大事典』近藤喜代太郎・池田和政（ＪＴＢパブリッシング・２００３年）
『水車・風車・機関車』坂井洲二（法政大学出版局・２００６年）
『図説世界史を変えた50の鉄道』ビル・ローズ 著・山本史郎 訳（原書房・２０１４年）
『戦争と人間の風土』鯖田豊之（新潮選書・１９６７年）
『総天然色で見る昭和30年代の鉄道』荻原二郎（ＪＴＢパブリッシング・２００９年）
『そばうどん』（柴田書店・１９８６年）
『帝釈人車鉄道　全国人車データマップ』（葛飾区郷土と天文の博物館・２００６年）
『鉄道の誕生』湯沢威（創元社・２０１４年）
『鉄道の日本史』反町昭治（文献出版・１９８２年）
『鉄道物語』鷹司平通（サンケイ出版局・１９６４年）
『鉄道旅行の歴史』ヴォルフガング・シヴェルブシュ 著・加藤二郎 訳（法政大学出版局・１９８２年）
『鉄道旅行歴史地図帳』（新潮社・２０１０年）
『鉄道林』（ＪＲ東日本鉄道林研究会・１９９３年）
『東海道落語の旅』保田武宏（こずえ・１９７６年）
『日本鉄道旅行地図帳』今尾恵介監修（新潮社・２００８年）
『日本の近代土木遺産』（土木学会・２００１年）
『白球の王国』トマス・ダイジャ 著・佐々田雅子 訳（文春文庫・２０００年）
『風景学・実践編』中村良夫（中公新書・２００１年）
『風景スタンプワンダーランド』古沢 保（日本郵趣出版・２０１２年）
『無頼列車 南へ』ブラウン・メッグス 著・村上博基 訳（文春文庫・１９９４年）

『プロペラ飛行機の興亡』黒田光彦（NTT出版・1998年）
『ベースボール創世記』佐伯泰樹（新潮社・1998年）
『北海道の鉄道』田中和夫（北海道新聞社・2001年）
『モノの世界史』宮崎正勝（原書房・2002年）
『ヨーロッパ「近代」の終焉』山本雅男（講談社現代新書・1992年）
ほか、各種鉄道専門誌、Web情報など。

杉﨑行恭（すぎざき ゆきやす）
1954（昭和29）年、尼崎生まれ。伊丹空港のプロペラ機の音を子守歌に育ち、根っからの乗り物好きに。東京写真大学短期大学部卒業後、暗室マン、修学旅行の写真屋等を経てフリーに。以後、鉄道・航空・旅行雑誌のカメラマン・ライターとして国内外を巡る。著書に『駅舎』（みずうみ書房）、『日本の駅舎』『駅舎再発見』『駅旅のススメ』『駅旅入門』（以上JTBパブリッシング）、『毎日が乗り物酔い』（小学館）、『百駅停車』（新潮社）など。共著多数。

交通新聞社新書069
線路まわりの雑学宝箱
鉄道ジャンクワード44
（定価はカバーに表示してあります）

2014年8月18日　第1刷発行

著　者――杉﨑行恭
発行人――江頭　誠
発行所――株式会社　交通新聞社
http://www.kotsu.co.jp/
〒102-0083　東京都千代田区麹町6-6
電話　東京（03）5216-3915（編集部）
　　　東京（03）5216-3217（販売部）

印刷・製本―大日本印刷株式会社

ISBN 978-4-330-48814-1